엄마의 10억

이지영
지음
엄마의
10억
100만 원으로 시작하는
부의 터닝포인트
평범 워킹맘을
100억 자산가로 만든
투자 내비게이션
RHK
알에이치코리아

프롤로그

당신의 진짜 인생이 시작되는 순간

어느 날 서랍 속에서 오래된 사진을 발견했다. 첫 아이가 태어난 지 50일 되던 날, 모처럼 셋이 함께 스튜디오에서 찍은 사진이었다. 사진 속 나는 수면 부족인 터라 피곤해 보였지만 설레는 미소를 짓고 있었다. 순간 50일 된 아기의 엄마였던 그 시절의 기억이 되살아났다.

"여보, 대출 원금이랑 이자랑 관리비 내고 나니까, 통장에 남은 돈이 거의 없어요. 주말에 아르바이트라도 할지 고민이에요."

당시 출산 후 휴직 상태라 남편 홀로 외벌이 상태였고, 남편의 월급으로 서울에 마련한 24평 아파트의 대출 이자와 원금 그리고 한 달 생활비를 감당하기 쉽지 않았다. 아기 기저귀 발진에 고급 기저귀라도 쓰면 나아질까 싶었지만 비싸서 고민이었고, 아이들 교구나 장난감, 전집 책값 가격이 버거워서 중고로 한참을 검색하다가 장바구니에 담아 두기만 했다.

첫 아이의 50일 기념사진 속에서 나는 환하게 웃고 있었지만, 사실 미래에 대한 걱정으로 산후 우울증을 겪던 시기였다. 한참 사진 속 내 모습을 바라보고 있으니 그 눈망울 가득 담긴 미래에 대한 두려움이 보였다. 그래, 생각났다.

"한 달에 50만 원이라도 더 벌면 좋겠다."

나는 평범한 주부였고 재테크를 알지도 못했고 투자라고는 해본 적도 없었다. 숫자를 보면 머리가 아팠고, 억지로 가계부라도 쓰면서 안 먹고 안 써도 늘 잔고는 마이너스에 가까웠다. 마이너스 통장은 어느새 점점 최대한도까지 채워지고 있었다.

그래서 지출을 줄이는 것에만 초점을 맞추며 사는 대신, 나는 절박한 마음으로 추가 수입을 늘리기 위한 다양한 방법을 연구했다. 육아에 전념하면서 나 자신의 능력과 꿈도 함께 성장시키고 싶었다. '50만 원이라도 더 벌면 좋겠다'라고 생각하던 재테크 왕초보 엄마의 바람은 얼마 지나지 않아서 월 500만 원이 되었다. 종잣돈 1,500만 원이 전부였던 나는 이제 100억 원의 자산을 보유한 자산가가 되었다.

과거 나는 두 아들을 둔 워킹맘으로 늘 고군분투했지만, 죄책감이 앞설 때가 많았다. 남편과 알뜰하게 맞벌이를 해도 매월 말이면 텅 비던 잔고, 종잣돈 1,500만 원에 중고 세탁기로 시작했던 신혼집, 아끼고 아껴 24평 아파트를 마련한 뒤 행복만 가득할

줄 알았는데 대출 압박만 커진 우리 부부의 일상, 위태로웠던 직장 생활. 숨 가쁘게 돌아가던 내 일상은 엄마가 되고 더욱더 힘들어졌다.

"더 빠르게 10억을 모으는 방법은 무엇일까?"

돈을 빠르게 모으고 굴리는 방법을 찾고 싶었지만, 내 모습을 보면 초라할 뿐이었다. 그렇다고 누가 옆에서 "지영아, 이렇게 한번 해봐"라고 얘기해 주는 사람도 없었다. 단돈 50만 원이라도 추가 수입을 창출하려고 시도하던 과정, 내 집을 마련하는 과정, 부동산과 주식 그리고 사업 등으로 현금 흐름을 구축하던 과정까지…. 가난에서 벗어나 내가 바라는 삶을 살고 싶은 바람으로 결국 내가 선택했고 내가 떠안기로 한 리스크였지만, 힘들어서 주저앉고 싶던 순간이 너무나 많았다. "나는 정말 안 되나 보다. 이렇게 가난하게 살다가 끝나는 인생인가 봐"라고 낙심하고 좌절했던 날도 많았다. 미래는 막막했고, 가슴은 늘 답답했다.

늦은 밤, 천사 같은 두 아이의 잠든 모습을 보면서 노트에 하나씩 적기 시작했다.

'나는 아끼는 것에만 집착하며 아이들에게 많은 것을 해주지 못해 미안해하는 엄마가 되기보다는, 추가 수입을 만들어서 아이들이 꿈을 이룰 수 있게 도와주는 엄마가 되고 싶어. 나는 3년 동안 1억 원을 모았지만, 지금부터는 더 빠르게 10억을 모으고 싶어. 나는 돈 버느라 가족과 시간을 보내지 못하는 엄마가 아니라, 자동으로 돈이 들어오는 시스템을 만들어 가족과 많은 시간을 보내고 싶어.'

어느새 노트 한 장이 금방 가득 채워졌고, 마지막 줄에는 미래 일기로 우리 가족이 해외여행을 가는 상상까지 썼다. 그때의 나는 전혀 알지 못했다. 10년이 흘러 우리 네 식구가 발리, 하와이, 푸껫의 최고급 리조트에서 오롯이 우리만의 시간을 즐기고 있을 것을. 출산 후 소득이 끊겨 추가 수입 50만 원이 간절했던 나는 이제 잠실 롯데월드타워 30층 사무실에서 리치 그룹 사업을 이끌고 있고, 종잣돈 1억 원을 간절히 바랐으나 모으는 방법을 몰랐던 나는 KBS, MBC, 매일경제 TV, EBS 등에서 경제 전문가로 활동하고 있다. 그리고 지금 《엄마의 돈 공부》, 《엄마의 첫 부동산 공부》, 《엄마의 가계부 2017》, 《엄마의 가계부 2018》, 《엄마의 경제 독립 프로젝트》에 이어서 여섯 번째 책을 집필하고 있다.

이런 믿기지 않는 성장이 대체 어떻게 가능했던 걸까? 바로 '부자 습관' 덕분이었다. 가난에서 벗어나 부자가 되기 위해서는 기존에 내가 알고 있던 방법과 습관은 모조리 버려야 한다고 믿었다. 부자들이 했던 방법과 부자들이 선택한 길을 따라가면 나도 빠르게 부자가 될 수 있다고 믿었다. 부자들의 사고방식, 습관,

투자 방법, 부를 끌어당기는 환경 만들기까지 모든 것을 알기 위해서 수천 권의 책을 읽었고, 수많은 강의를 들었고, 내 삶에 하나씩 직접 적용했다. 그렇기에 《엄마의 10억》에서 수많은 시행착오와 도전을 통해서 배운 내용을, 이 순간에도 월 50만 원이라도 간절하게 바라는 엄마들에게 전하고 싶었다. 월 50만 원의 추가 수입 안에는 거대한 부의 씨앗이 숨겨져 있다고 단언할 수 있다. 그 안에는 '무한한 가능성'과 '시작하는 힘'이 있기 때문이다. 비록 통장에 1,000만 원이 없을지라도 부자들의 습관을 따른다면, 10억 원 아니 그 이상도 모을 수 있다는 응원과 자신감을 이야기하고 싶었다. 무엇보다도 누군가의 엄마이지만, '나' 자신의 꿈과 인생을 위한 특별한 부자 습관을 만들기를 바라기 때문이다.

많은 이들이 부자가 되길 바라지만 그 방법을 알 수 없기에 현실이라는 벽에 부딪히다 포기한다. 인플레이션이 이어지고 저성장 시대에 접어들면서 개인의 노력만으로 빈부 격차를 극복하기는 불가능하다는 사고방식도 만연하다. 하지만 낙수가 바위를 뚫는다는 말이 있다. 우리가 매일 하는 작은 습관은 차곡차곡 쌓여서 인생의 방향을 바꾸기 시작한다. 《아주 작은 습관의 힘》의 저자 제임스 클리어는 '100번만 같은 일을 하면 그게 당신의 강력한 무기가 된다'라고 강조한다. 부자 습관은 긍정적인 에너지를 창조하고 삶에 빛을 더해 준다. 지속해서 부자 습관을 실행한다면, 부자의 근원을 파악하게 된다. 그리고 어느새 부자와 가까워진 자신을 발견할 것이다.

전작 《엄마의 돈 공부》에서는 엄마가 반드시 돈을 공부해야 하는 이유와 성공 비법을 이야기했고, 《엄마의 첫 부동산 공부》에서는 내 집 마련과 현금 흐름의 부동산 투자 비법을 담았다. 《엄마의 경제 독립 프로젝트》에서는 엄마의 강점을 돈으로 바꾸는 방법을 전했다. 이번 《엄마의 10억》은 그 모든 과정의 근원인 '부자 습관'을 담고 있다. 1,500만 원 원룸에서 시작해 15년간 재테크를 통해서 자산을 확장할 수 있었던 비결인 '흔들림 없는 부자 원칙'들을 정리했다. 진심으로 지금 삶에서 한 걸음을 더 나아가고 싶은 당신에게, 하루하루를 부와 풍요를 향해서 나아갈 방향을 제시하는 선물이 되기를 희망한다. 하루하루의 작은 부자 습관이 당신 안에 숨겨진 잠재력을 끌어내 부자 엄마의 길로 이끌기를 응원한다. 수년 전 나처럼 아침에 눈을 뜨면 무엇부터 해야 할지 모른 채, 쌓이는 고지서와 부채에 막막하고 방황하고 있을 엄마들을 위해서 내가 찾은 부자 로드맵 10단계와 부자 습관 10계명을 담았다. 만약 내일 아침 눈을 떴을 때, 단 한 사람이라도 이 책을 통해서 좌절감과 무기력함 대신 2주간 촘촘하게 짜인 부자 습관 프로젝트로 스스로에 대한 믿음과 희망으로 하루를 시작할 수 있다면, 나에게 그보다 감사한 일은 없을 것이다.

지금보다 더 높은 수입을 만들고 싶은 사람, 파이프라인을 구축하고 자동으로 들어오는 소득 시스템을 만들고 싶은 사람, 무엇보다 부자 엄마가 되고 싶은 사람들에게 이 책은 부자의 길을 상세히 안내할 것이다. 당신의 목표인 '10억 원 만들기'가 이루어질 때까지 부자 습관을 지속하도록 격려하는 동반자가 되어 함께 나아갈 것이라 약속한다.

이제, 부를 향한 당신의 진짜 인생이 시작되는 시간이다.

2023년, 푸켓의 에메랄드빛 바다를 바라보며

이지영

차례

엄마의 부자 마인드셋

엄마의 부자 되기 로드맵 10단계

엄마의 부자 습관 10계명

1
장

엄마의
부자 마인드셋

01

부자 습관 프로젝트

결혼을 준비하기로 한 남편과 내가 모아둔 돈이라고는 1,500만 원이 전부였다. 우리는 결국 원룸 빌라에서 신혼 생활을 시작했다. 그때까지만 해도 돈을 모으는 데 전혀 관심이 없어 재테크에 문외한이었던 나는 생애 첫 주거 공간을 마련하면서 많은 것을 깨달았다. 재테크가 투기가 아닌 가족을 지키는 힘이 된다는 것을 게다가 가족의 보금자리가 있다는 것이 얼마나 소중한 일인지를 절실히 알게 되었다.

종잣돈이라 부르기에도 적은 액수로 투자를 할 수 없으니 당장은 돈 모으기에 집중하기로 했다. 그 결과 3년 만에 1억 원을 모았고, 그 돈으로 우리는 첫 집을 마련했다.

이 시기에 경험한 각종 저축법을 자양분 삼아 '엄마들을 위한 부자 습관 프로젝트'(이하 부습프)를 만들었다. 14일간 나를 비롯해 참가자들이 실천해 보며 효과를 맛보았다. 놀랍게도 2주 만에 지출을 무려 200만 원 이상 줄인 분도, 부수입으로 100만 원 넘는 금액을 만든 분도 있었다. 부습프에 참여한 분들은 눈에 보이는 종잣돈을 얻기도 했지만, 무엇보다 돈 관리에 대한 '자신감'을 얻게 되었다. 참가자들은 프로젝트 시작 전, 돈 관리에 대해 이렇게 말하곤 했다.

"아무리 줄이고 해도 불어나기만 하는 생활비 때문에 걱정이에요."
"카드 돌려막기로 하루하루 연명하고 있어요. 불어난 카드값을 감당할 수 없어요."
"쇼핑이나 할부 중독을 끊을 수 없어요."

걱정과 불안에 전전긍긍하던 그들이, 프로젝트를 착실히 수행한 14일 뒤 설레는 목소리로 이렇게 말했다.

"돈 관리에는 전혀 재능이 없는 줄 알았는데, 자신감이 생겼어요."

"결혼 후 처음으로 생활비가 남았어요."

"투자도 제대로 공부할 수 있을 것 같아요."

부습프는 카카오톡 단톡방과 네이버 카페 〈뉴리치 연구소〉를 통해 진행된다. 첫날부터 프로젝트가 끝나는 14일 차까지 매일 다양한 미션을 주면서 참가자들을 독려한다. 그렇다고 미션이 어렵지는 않다. 돈 모으는 데 있어서 참가자들이 스트레스받지 않고, 프로젝트를 재미있게 이어갈 수 있도록 고안했다.

지금까지 많은 재테크 강의를 하면서 나는 궁금했다. 왜 어떤 사람은 재테크에 성공하고 어떤 사람은 실패할까? 차이는 단 하나였다. 얼마나 절박한지 그리고 얼마나 원하는지의 문제였다. 그래서 부습프 첫날 다음과 같은 미션을 드린다.

부자 습관 프로젝트 1일 차

미션 1

돈을 절약해야 하는 나만의 절박한 이유 ⇨ **[절실함]**

또는

돈을 모아서 내가 이루고 싶은 꿈 ⇨ **[열망]**

오늘의 미션은 이 두 질문에 대한 답을 다섯 개 이상 적어서 공유하는 것입니다.

나는 참가자들에게 돈을 모아야 하는 절박한 이유와 돈을 모아 이루고 싶은 꿈을 적으라고 한다. 실제로 개인마다 천차만별인 절실한 이유를 볼 때면 마음이 아팠다. 때로는 그들의 꿈을 읽다가 가슴이 두근거리기도 했다. 그중 지금까지도 기억나는 참가자가 있다. 그는 음악을 전공하고 싶어 하는 딸의 레슨비를 내기 위해 돈을 마련하고 싶고, 나중에는 돈을 많이 모아 방음벽이 설치된 공간까지도 마련해 주고 싶어 했다. 딸을 향한 사랑이 너무나 컸고 이를 이루고자 하는 열망이 가득했다. 참가자는 프로젝트 수료 시점부터 한 달도 채 되지 않아 월세가 나오는 아파트를 매수하면서 이루고 싶은 꿈을 향해 거침없이 전진했다.

부습프 기간 중 하루도 빠지지 않고 드리는 미션 하나가 있는데, 바로 '필사'이다. 참가자 대부분이 책 읽기와 친하지 않다. 물론 재테크 분야 도서만큼은 골라서 읽는 분도 계시지만, 지금까지 재테크에 딱히 관심이 없던 참가자들은 재테크 도서를 어려워하는 경우가 대다수다.

TIP 부자 엄마 한마디

미션 공유가 필수는 아닙니다. 다만 나의 중요한 목표를 타인에게 공유했을 때와 그렇지 않았을 때의 실현 가능성은 **열 배 이상** 차이가 납니다. 수많은 책과 실제 사례가 과학적으로 증명하고 있습니다.

그래서 나는 강의를 할 때면 반드시 추천 도서 리스트를 언급한다. 내가 운영하는 유튜브 채널에서도 틈날 때마다 '당신의 텅 빈 잔고를 채워 줄 비장의 책'과 같이 재테크에 관심이 없는 분이라고 해도 거부감 없이 다가갈 수 있는 주제를 담아 책 소개를 한다.

지금까지 나의 삶을 돌아보았을 때 '책'은 늘 중요한 갈림길에서 함께했다. 내 주변에는 재테크에 관심을 가진 사람이 없었다. 그래서인지 돈에 쪼들리는 지인이 많았고, 친구들과 모인 자리에서 '투자'나 '재테크'가 언급되는 때는 없었다. 독서야말로 그런 환경에서 내가 할 수 있는 유일한 방법이었다. 책 속에는 내가 가고 싶은 길을 먼저 간 사람들의 이야기가, 작가들이 심혈을 기울여 쓴 지식이 담겨 있었다.

그래서 시작하게 된 것이 '필사' 과제였다. 제아무리 열심이던

미션 2

좋아하는 책 속의 문구 적기

재테크 분야의 도서에서 인상 깊었던, 혹은 좋았던 문구를 적어서 공유해 주세요.
첫날부터 부담스럽다면, 저의 필사를 따라 쓰는 것을 추천합니다.

참가자도 이 과제 앞에서는 '손 아프게 이게 뭐야'라며 손사래를 쳤다. 점차 노트에 필사하는 과정을 통해 자연스럽게 깊은 생각을 하게 되었고 하나둘 마음의 변화를 경험했다고 말했다. 다음은 나의 필사 예시이다.

〈확실하고 안전한, 부자들의 생각 10가지〉

세상은 두 부류로 나뉜다. 부자가 된 사람과 부자가 안 된 사람들로 말이다. 이 책은 부자, 엄청난 부자가 되고 싶은 사람에게 필요하다. 혹시 목표를 정하고 계획도 짰는데 막연하다면 아직 컴포트 존과 트래픽 파이터의 족쇄에서 벗어나지 못했는지 되돌아봐야 한다. 슈퍼 리치들은 그 족쇄에서 벗어난 사람들이다. 《가장 빨리 부자 되는 법》(알렉스 베커 저, 오지연 역, 유노북스)은 확실하고 안전한 부자들의 생각을 알려 준다.

〈당신은 결코 못 믿겠지만 부자에게는 당연한 생각〉

1. 돈을 천천히 벌 생각이 없다.
2. 돈과 시간을 분리한다.
3. 자존감이 높다.
4. 주도권부터 잡는다.
5. 항상 여유롭다.

6. 현재에 집중한다.

7. 목표를 계획한다.

8. 돈 버는 생각과 행동만 한다.

9. 사람 상대를 잘한다.

10. 부자 친구와 멘토가 있다.

현재에 집중하고 구체적인 목표를 설정해 나가면서 무엇보다 돈과 시간을 분리하려고 노력한다는 것이 인상 깊기에 이 부분을 필사했다. 필사 문구는 바꿔 가며 적어도 무방하다.

1일 차에 주어지는 마지막 미션에는 치트키가 있어 쉽게 성공할 수 있다. 바로 일주일 동안 자신이 쓸 예산을 정하고 현금으로 뽑아서 인증 사진을 남기는 것이다. 범위는 월세, 보험료, 공과금 등 고정 지출을 제외한 변동 지출이다.

부자 습관 프로젝트 1일 차

미션 3

본인의 일주일 지출 목표 금액을 5/10/15만 원 중 선택하세요.
선택한 금액을 현금으로 뽑으셔서 인증 사진 남겨 주세요.

1인 가구는 5만 원, 2인 가구는 10만 원, 3인 이상의 가구는 15만 원을 추천합니다.

나의 경험이기도 하지만, 현금만 가지고 나간 날과 신용카드를 가지고 나간 날은 지출 규모가 다르다. 현금을 내면 지출하는 규모가 눈에 보이니 아깝다는 생각이 들어 저절로 긴장하며 쓰게 된다. 반면 신용카드는 가상화폐처럼 많이 써도 실제 지출한 느낌이 들지 않아 이 점을 경계해야 한다. 오늘 긁은 카드값만큼 현금을 찾아보라. 생각보다 더 큰 액수에 놀랄 것이다. 이를 극복하고자 현금 사진을 남기며 결의를 다지는 것이다. 첫날을 이렇게 마무리하면 이후에도 여러 미션을 통해 돈 모으는 훈련을 이어 간다. 나의 경우 재테크를 하기로 한 후 제일 힘들었던 부분이 바로 '시작하기'였다. 많은 사람이 마음속 장벽을 허물고 시작하는 것에 대한 두려움을 갖고 있다.

"내가 할 수 있을까?"라는 의구심이 만든 두려움은 결국 자신을 성장하지 못하게 만든다. 애초에 실패했을 때 맞닥뜨릴 절망감을 만들고 싶지 않아서다. 누구나 이런 두려움이 있기에 시작을 이끌어 줄 힘이 필요하다. 그 힘은 곁에 있는 나를 믿어 주는 사람이 될 수 있고, 어쩌면 사소한 프로젝트가 될 수 있다. 이제 함께 종잣돈을 모으는 첫 단계를 시작해 보자!

02

엄마의 부수입 창출 방법 5가지

다양한 매체에서 강연 요청을 받게 되면서 KBS1의 간판 프로그램인 〈아침마당〉과도 인연이 닿아 재테크 코칭을 하게 되었다. 처음에는 '엄마의 돈 공부'에 대한 필요성을, 두 번째는 '엄마의 경제 독립 프로젝트'에 관하여 이야기했다. 가장 최근 방송에서는 '부수입 50만 원을 만드는 비결'에 대해 밝혔다.

나는 두 아이의 엄마이기도 해서 또래 아이를 둔 엄마들과 소통할 기회가 자주 있다. 수강생으로 만나기도 하고 청중으로 만나 인연을 이어가기도 하고, 아이 친구의 엄마들과도 자주 교류

하는 편이다. 엄마들의 속내를 들어보면서 이들의 열망이 '한 달에 50만 원이라도 더 있다면'이라는 소박한 바람에서 시작한다는 것을 알게 되었다.

아이를 키우는 것은 물론 너무나 소중하고 귀한 일이다. 요즘 엄마들은 육아만큼이나 본인의 커리어를 살리는 게 중요하기에 어떻게 하면 육아와 본인의 일을 병행할 수 있을지를 매일 고민한다 해도 과언이 아니다. 경력단절에 대한 두려움을 눌러 보지만, '이렇게 아이만 보다 내 인생은 끝나 버릴지도 몰라'라는 걱정이 늘 마음 한편에 자리 잡고 있다. 이러한 두려움이 몰고 온 크고 작은 스트레스를 해소하려다 간혹 충동적인 지출이 발생한다. '금융치료'라는 말도 있듯 감정을 다스리기 위해 일단 돈을 쓰지만, 이것이 근본적인 해결책이 될 수 없으니 결국 더 큰 죄책감을 몰고 온다.

부수입 50만 원이라는 콘셉트는 '시작의 힘'을 믿기에 제시한 금액이었다. 나 역시 부수입을 얻기 위해 영어 번역 아르바이트를 했는데, 전문 번역가가 아닌 터라 수입이 매우 적었다. 누가 보면 비웃을지도 모를 만큼 적은 금액이었지만, 그 부수입은 번듯한 직장이 아니어도 내가 할 수 있는 일이 있다는 자신감을 주었다. 지금부터 엄마들에게 부수입을 창출하는 방법 세 가지를 제안한다.

부수입을 창출하는 방법① 관심을 돈으로 바꿔라

첫 번째 방법은 '관심을 돈으로 바꿔라'이다. 실제로 요즘은 소비자의 관심사가 시장에 상품으로 구현되어 나올 때 소위 말하는 '대박 상품'이 되는 경우가 많다. 소소한 관심사라고 무시하지 말고, 돈 되는 방법이 없는지 살펴보는 것이 중요하다. 모든 사람은 각기 다른 관심사를 갖고 있다. 자신의 관심 분야에서 어떻게 하면 수익을 낼 수 있을지 고민한다면, 돈도 벌고 좋아하는 일도 하는 일석이조 효과를 얻을 수 있다.

실제로 아이들이 클 때까지는 살림과 육아로 바쁘시다가, 아이들이 대학을 가고 독립하자 허전함에 식물을 키우는 것에 몰두하는 분들이 많다. 다육 식물, 난, 열대 관엽 식물 등을 키워서 되파는 '식테크'가 의외의 수익을 낼 수 있어 주목받고 있다. 실제로 다육이를 되팔아 1억 원까지 수익을 내신 분도 있었다. 식물을 심고 분양하는 과정에서 수익으로 이어질 수 있다.

요즘 반려동물을 키우는 분들이 많다. 반려동물을 키울 때, 여행이나 출장 등으로 집을 비우게 되면 이들을 누구에게 맡겨야 할지 막막할 때가 많다. 그러다 보니, 반려동물 전용 호텔까지 등장했다. 예약해야 하는 번거로움에 비용 부담이 큰 호텔 대신 상대적으로 저렴한 개인 펫

식테크
식물+재테크의 합성어. 식물을 번식시켜 되팔아 수익을 내는 재테크 방식을 일컫는다.

시터가 새로운 수익처로 주목받고 있다. 동물을 좋아하고 돌봄에 관심이 있는 분은 펫시터에 도전할 수 있다. 미국과 영국에서는 이미 펫시터가 고수익 직종으로 자리 잡았다. 실제 어떤 분은 혼자 20마리까지도 돌보면서 월 1,000만 원의 수익을 올리기도 한다. 최근에는 반려동물관리사, 반려동물행동교정사 등 다양한 자격증까지 생길 정도다. 이뿐만 아니라 강아지를 돌본 경험을 바탕으로 강아지 사료에 대한 각종 리뷰 포스팅을 블로그와 인스타그램으로 올려 팔로워를 모집한 후, 공동구매 진행으로 소득을 창출하시는 분도 있다. 자신의 관심을 돈으로 바꾸는 방법을 고려해 보자.

'리셀테크'는 MZ세대의 떠오르는 재테크 수단이다. 다시(Re)+판매(Sell)+재테크(Tech)의 합성어로, 중고 거래로 희소성 있는 물건을 원래 샀던 가격보다 비싸게 되팔아 수익을 얻는 방식을 말한다.

브랜드 운동화에 관심이 있던 지은 씨의 경우, 리셀테크로 수익을 내다 운동화를 판매하는 온라인 쇼핑몰까지 개설하게 되었다. 운동화를 스마트스토어에서 판매하면서 자동 수익이 발생하는 구조가 만들어졌다. 운동화의 경우, 상품을 저렴하게 매수하기 위해 아웃렛에 가서 제품을 저렴하게 사들였고, 이를 다시 인터넷으로 판매하여 마진율을 높였다. 운동화는 다른 패션 아이템

보다 반품 요청 수가 훨씬 적고 배송이 수월하다는 장점이 있다. 또한 쇼핑몰에서 이와 더불어 모자, 가방 등 소품도 함께 팔 수 있으니 묶음 판매를 통해 수익을 높였다. 마침내 6개월 만에 스마트스토어에서 월 200만 원 이상의 순수익을 얻게 되었다. 지은 씨의 성공 요인은 어떤 브랜드의 어느 모델이 더욱 인기가 있을지 본인의 관심사에 따라 관찰을 통해 완벽하게 파악했다는 점이다.

부수입을 창출하는 방법② 집을 나눠라

두 번째는 '집을 나눠라'이다. 이 이야기를 듣는 많은 분이 집을 나눈다는 것이 목돈이 있어서 자신의 집이 있는 사람만이 할 수 있는 일이라고 생각한다. 그러나 자신의 집이 없어도 가능하다. 지민 씨는 얼마 전 경기도 소재의 여자 대학교 앞에 있는 아파트를 월세로 얻었다. 그리고 그 집을 셰어하우스로 운영했다. 방 3개와 화장실 2개 구조인 아파트를 깔끔하게 꾸며 방 하나에 한 명씩 여성 전용 셰어하우스로 운영했다. 셰어하우스 운영으로 월세를 제하고도 순 100만 원 정도의 수익을 올리고 있다. 셰어하우스의 경우, '여성 전용 셰어하우스' 등 명확한 유형별 목표 고객을 선정하고 마케팅을 펼치는 것이 중요하다.

에어비앤비도 하나의 방법이 될 수 있다. 창준 씨는 서핑에 관심이 높아서 서핑을 자주 갔다. 찾던 숙소 중에 에어비앤비 업체가 많았다. 서핑이 새로운 취미 스포츠로 부상하면서 앞으로 수요가 늘 것이 보였다. 그렇다면 본인도 공간을 얻어 숙박업체를 열어야겠다고 결심했다. 에어비앤비의 경우, 위치별 장단점과 주차 여부 등 다양한 면을 고려하여 살펴봐야 한다. 특히 관광지의 경우 비수기와 성수기 수익 차이가 매우 크다. 여름 휴가철에 매우 붐비고 월 수익이 1,000만 원까지도 가능하다. 그러나 비수기에는 관광객이 없어서 공실인 경우도 있다. 방을 분리하여 개조 임대하거나, 임대해 고시원으로 운영하는 분도 있다. 집을 단순하게 '사는 공간'으로 보는 것이 아니라 '부수입을 만들어 줄 수 있는 도구'로 바라보는 것이다.

은주 님의 경우, 본인의 오피스텔에서 외국인 관광객을 위한 오전 요가 클래스를 오픈했다. 해운대 바다가 훤히 보이는 곳을 임대로 얻었고 인근 숙소와 연계하여 오전에 바다를 보면서 시작하는 1시간짜리 요가 클래스를 열었다. 휴가 중에도 본인의 건강을 지키고 바다를 보며 요가나 조깅을 하고자 했던 외국인들을 타깃으로 하였고, 이는 가히 성공적이었다. 본인의 공간을 그저 잠깐 머물고 잠만 자는 공간으로 두는 것이 아니라, 부수입 창출을 위한 공간으로 바꿀 수 있다.

부수입을 창출하는 방법③ 종잣돈을 굴려라

세 번째는 '종잣돈을 굴려라'이다. 지금 가진 돈이 500만 원이라도 이 돈이 나를 위해서 어떻게 사용될 수 있을지, 어떤 방법이 있는지 찾아보는 것이다. 과거 은행에 다닐 때도 나는 늘 특판 예금이 나온다고 하면 출시일에 맞춰 은행으로 달려갔다. 금리가 1%라도 더 높다면 그 예금에 돈을 넣어 두려고 했다. 그때는 예금은 결국 자산가에게 어울리는 재테크 방식이라는 것을 알지 못했다. 안전하게 자산을 굴려야 하는 시기가 있고 조금은 공격적으로 자산을 굴려야 하는 시기도 있기 마련이다. 아직 종잣돈을 불리는 단계라면 다양한 방법으로 투자 공부부터 해볼 것을 권한다. 노후가 걱정이라면 임대 수익이 높은 상가 투자도 좋은 대안이 될 수 있다.

이러한 세 가지 방법은 〈아침마당〉 시청자들을 위해서도 공개한 바가 있다. 여기에 엄마들이 집에서 육아와 병행하면서도 부수입을 만들 수 있는 다섯 가지 재테크 방법을 제안한다.

육아와 병행 가능한 재테크① 블로그

첫째, 블로그 운영이다. 블로그는 집에서도 쉽게 운영할 수 있기에 추천하고 싶다. 블로그는 애드포스트를 통해 수익을 낸다. 애

> **애드포스트**
> 블로그에 광고를 게재하고 광고를 통해 발생한 수익을 배분받는 광고 매칭 및 수익 공유 서비스.

드포스트 승인을 받기 위한 조건으로는 블로그 일 방문자 100명 이상, 블로그 개설일 90일 이상, 포스팅 50개 이상이어야 한다. 애드포스트 수익을 위해서 블로그의 조회수를 높이거나, 광고 단가가 높은 키워드를 찾는 등의 방법이 있다.

블로그로 수익을 내기 위해서는 어떻게 운영해야 할까? 초기 단계에는 글을 자주, 많이 올리는 것이 중요하다. '1일 1포스팅' 원칙을 지키자. 최소 하루에 한 개씩은 반드시 글을 올리는 것이다. 글을 길게 쓰지 않아도 일상 이야기, 패션, 육아, 뷰티, 시사 이슈, 도서, 맛집 등 다양하게 글을 꾸준하게 하나씩 올리기를 권한다.

1일 1포스팅을 꾸준히 하면, 블로그 글쓰기에 대한 습관이 생김과 동시에 방문자들이 지속적으로 블로그에 방문하도록 유도하는 효과를 가져온다. 글쓰기가 힘들다면 먼저 사진을 세 장 정도 업로드하고, 사진에 맞는 설명을 간략하게 작성하는 것부터 시작해 보자. 또는 키워드 또는 해시태그로 활용할 단어 다섯 개 이상을 정하고 그 키워드에 맞게 글을 작성하는 것도 방법이다.

1일 1포스팅을 하다 보면, 어느 특정 주제의 글에 사람들의 반응이 많이 오는 것을 발견하게 될 것이다. 그 주제에 대해서 주기적으로 포스팅을 써나갈 것을 추천한다. 특정 주제에 대하여 집중적으로 업로드하는 경우, 일주일에 한 개 혹은 두 개 업로드를 목표로 시작하고 점차 횟수를 늘려간다. 만약에 전문적인 지식을 담아야 하는 부분에서 어려움이 느껴진다면 다른 사람들의 글과 자료도 충분히 조사하고 활용하기를 권한다. 글을 무조건 작성하기보다는 기사, 칼럼, 인기 포스팅 자료 등을 검색하여 충분한 자료와 정보를 담기 위해서 노력한다.

세 아이를 키우고 있는 진은 님은 셋째를 임신하면서 회사를 그만두었다. 집에서 육아하는 틈틈이 블로그에 아이들과의 놀이 사진을 올리기도 했고, 아이들을 위해 만든 음식 사진을 올리기도 했다. 포스팅이 규칙적으로 업로드되면서 꾸준히 방문자가 유입되자, 유아 전집이나 아동복 공동 구매를 추진할 수 있게 되었다. 현재는 블로그를 통해 매월 500만 원 이상의 수익을 벌어들이는 진은 님의 성공 비결은 '진정성'이었다. 처음부터 판매를 위해 개설한 블로그라는 인식을 주는 대신 세 아이와의 일상을 공유했고, 육아의 힘든 모습 또한 시원하게 공유함으로써 엄마들의 공감을 이끈 것이다. 이후에는 세 아이를 키우면서 얻게 된 육아 노하우 등을 살려 육아에 있어서 조언해 줄 수 있는 옆집 언니의 이미지를 구축하게 되었다.

블로그 운영이 계기가 되어 사업을 시작해 월 500만 원 이상의 수입을 확보한 수민 님도 있다. 그는 육아를 병행하며 금융 회사에 다니다가 둘째를 낳고 육아휴직을 쓰게 되었다. 휴직 후 육아에 매진하며 각종 육아 정보를 맘카페에서 얻다 보니 어느새 블로그와 맘카페에서 적극적으로 활동하는 멤버가 되어 있었다. 하루는 온라인으로 수입 과일을 주문했는데, 상태가 너무 좋지 않아 먹을 수가 없었다. 문득 내가 직접 과일을 판매해 봐야겠다는 생각이 들어 블로그를 통해 공동 구매를 시작했다. 공동 구매를 여러 번 진행하면서 경험과 인지도를 쌓은 후, 네이버 밴드를 통해 본격적인 운영을 시작했다. 거금을 들여 온라인 과일 쇼핑몰을 제작하지 않았지만, 수익은 고정적으로 창출되고 있다. 규모를 키워 전국을 대상으로 하는 것이 아니라, 소규모 지역만을 타깃으로 한 것이 주효했다. 가장 신선한 상태로 과일을 배송할 수 있는 지역으로 한정했고, 거기에선 확실히 입소문이 나도록 유도했다. 동네 과일 가게이지만 온라인으로 배송되고 상태는 최고급이라는 점을 강조하자 맘카페에도 서서히 소문이 났고, 지금은 월 500만 원 이상의 자동 소득을 얻고 있다. 무엇보다도 처음에 거금으로 시작한 것이 아니라 블로그 공동 구매와 네이버 밴드를 통한 판매 전략으로 초기 자금을 적게 하고 이윤을 높인 것이 효과가 컸다고 한다. 블로그를 통해서 수익화하기 위해서는 꾸준함과 진정성이 바탕이 되어야 한다.

육아와 병행 가능한 재테크② 인스타그램

둘째, 인스타그램 운영이다. 인스타그램은 블로그와 다르게 글을 많이 쓸 필요가 없다. 사진이 중심이 되는 SNS이기에 블로그보다 훨씬 간단하다. 서론을 쓰고 자세한 정보를 기재할수록 유리한 블로그와 다르게, 텍스트 분량이 적고 내용이 명확할수록 인스타그램 호응도가 좋다. 우선 가장 중요한 것은 '우와' 혹은 '나도 가지고 싶은' 마음이 드는 사진이다. 요즘은 무료 사진 보정 앱이 많기 때문에, 사진의 색감이나 구도가 마음에 들지 않아도 손쉽게 보정할 수 있다. 이외에도 단순히 소통에서 그치지 않고 인스타그램을 통한 팔로워를 높이기 위한 노력을 해본다면 부수입으로 이어질 수 있다. 지인 중에도 인스타그램을 통해서 본인이 직접 만든 소품과 가방 등을 판매하여 비즈니스를 시작한 분이 있다. 시작은 작더라도 멋진 출발점이 될 수 있다.

육아와 병행 가능한 재테크③ 임대업

세 번째는 임대 수익이다. 직접 내가 가진 물건을 임대할 수도 있고, 또는 본인이 임대한 곳을 다시 재임대할 수도 있기에 앞선 방법보다 실현 가능성이 큰 분야다. 임대라고 하면 부동산 임대를 떠올려 어렵게 생각하는 분들이 많다. 물론 부동산도 있지만, 물건을 대여하는 것도 가능하다. 내가 처음 유튜브 채널 '이지영TV'를 시작했을 때였다. 촬영을 위해 카메라가 필요했는데 고가의 카메라는 사기가 망설여졌다. 아직 카메라를 잘 알지도 못했고, 내가 어느 정도의 영상 수준을 원하는지 잘 몰랐기 때문이다. 그러다가 카메라만 전문적으로 빌려주는 곳을 알게 되었는데, 놀랍게도 수많은 기종이 활발하게 대여 중이었다. 운영자는 이미 카메라 원가의 몇 배 이상 이익을 얻고 있었다. 꼭 고가의 물품이 아니어도 괜찮다. 임대 물품은 소비자의 입장에서 굳이 구매하지 않아도 빌리는 선에서 해결 가능한 물품이 좋다. 예를 들어 아이 돌상 소품, 아이 돌복, 피크닉 세트, 파티복 등 일회성 아이템 말이다.

육아와 병행 가능한 재테크④ 유튜브

네 번째는 유튜브 운영이다. 아이들이 학교 간 시간 동안에도 충분히 촬영할 수 있고 공간도 벽만 있으면 충분하다.

처음부터 화려한 스튜디오에서 장비를 갖춰야 할 수 있는 게 아니기에 엄마들도 곧장 시작해 볼 수 있고, 카메라가 없다면 스마트폰으로 촬영하고 편집해도 무방하다. 스마트폰만 있으면 엄마들의 일상을 한 편의 영화로 만들어 올릴 수도 있다. 아이와 떠난 여행의 면면을 촬영해 보기도 하고, 본인의 일주일을 찍어 일상을 담은 영상인 브이로그 형식으로 편집해 올리는 것은 어떨까? 얼마 전 미니멀리즘 기반의 소소한 일상 루틴으로 엄청나게 화제가 된 영상이 있었다. 이처럼 잔잔한 음악을 배경으로 설거지를 하고 빨래를 널고 집을 깨끗하게 미니멀리즘하게 정리하는 영상으로, 조회 수는 물론 "힐링했다"라는 구독자들의 찬사를 받을 수도 있다.

육아와 병행 가능한 재테크⑤ 스마트스토어

마지막은 스마트스토어다. 네이버 온라인 창업 플랫폼인 스마트스토어는 개인 판매자에게 큰 인기를 끌고 있다. 스마트스토어는 직접 서버 구축이나 외주 업체의 도움 없이 개인이 충분히 쇼핑몰을 개설할 수 있기에 G마켓이나 옥션 등의 다른 오픈마켓과 달리 간편하다. 1.98%~3.63%정도의 상대적으로 저렴한 수수료 및 네이버 검색 시 노출이 쉽게 된다는 이점이 있다. 특히 스마트스토어를 개설해 판매가 이루어지면 배송 완료 시점이 아닌 집하 완료 시점에 판매된 금액이 정산된다는 점 또한 스마트스토어가 가진 매력적인 요소 중 하나이다.

광주에 사는 민영 씨는 지난해 스마트스토어에서 쇼핑몰을 열었다. 민영 씨에게는 첫 창업이었지만, 소자본으로 시작할 수 있었기에 창업의 부담은 크지 않았다. 민영 씨는 평소에 관심 있던 스포츠용품, 의류와 운동화 등을 판매했다. 실제로 본인이 해당 분야의 트렌드를 잘 알고 있었고 관심이 많았기에 유행하는 아이템과 꾸준한 인기를 끄는 상품을 모두 상세 페이지에 구체적으로 기술할 수 있었다. 소자본으로 시작했지만, 지금은 월급만큼의 수입이 창출되어서 친척 동생이 일을 돕고 있다.

민영 씨의 성공 사례처럼 좋은 성과를 거두기 위해서는 핵심 사항을 숙지해야 한다. 홍보 마케팅 효과를 극대화하기 위해 상품을 꾸준하게 업로드하고 노출도를 높여야 한다. 상품의 종류가 다양할수록 고객의 유입 확률도 높아진다. 초기에는 유입률을 높이고 후기를 생성하는 데 힘을 실어야 한다. 배너 광고나 맘카페 홍보 등 다양한 홍보 전략을 활용하자.

특히 상품 구매 시 사람들은 후기를 읽고 구매를 결정하는 경우가 많기에 상품을 구매한 고객에게 정성을 쏟고 초기 후기를 모으고 진정성 있는 서비스를 제공하는 것도 중요하다. 실제로 민영 씨의 경우, 스포츠용품을 구매했던 초기 손님들에게 운동 시 섭취할 수 있는 에너지바나 초콜릿 등을 함께 보내며 좋은 인상을 남기기 위해 애썼고 긍정적인 후기가 쌓이기 시작했다.

라이브 커머스
라이브 스트리밍(Live Streaming)과 전자상거래(E-Commerce)의 합성어. 실시간으로 온라인에서 소통하며 쇼핑하는 서비스를 말한다.

스마트스토어와 연계해 라이브 커머스 또한 요즘 대세로 자리 잡았다. 의류 스마트스토어를 하는 은지 씨는 아이를 유치원에 보내고 나면 거실에서 라이브 커머스를 시작한다. 라이브 커머스를 통해서 실제 입은 옷을 고객들에게 보여 줄 수 있고, 고객들과 소통하면서 브랜드를 알리며 충성 고객을 모았다. 지금은 제주도에서 아이와 한 달 살기를 하면서도 라이브 커머스를 진행해 스마트스토어 수입이 꾸준하게 창출되고 있다. 은지 씨는 평소 패션에 관심이 많았고 지금은 홈쇼핑 쇼호스트들의 기법을 배우고 부족한 부분은 책을 통해 채워가며 나날이 전문가로 거듭나고 있다. 곧 남편보다 월급이 많아져 경제적 가장이 되는 날을 고대하고 있다.

그렇다고 해서 스마트스토어를 열기만 해도 누구나 바로 수익을 낼 수 있는 것은 아니다. 시작하기 쉽고 간편하다는 장점이 있지만, 진입장벽이 낮다는 것은 양날의 검처럼 단점으로 작용한다. 수많은 사람이 이 분야에 뛰어들고 있으며 더 많은 상품을 추가해 판매하려고 할 경우, 판매 상품 등록 및 관리에도 상당한 시간이 소요될 수 있다. 스마트스토어 운영에 있어서 재고가 쌓이거나 현금 흐름에 문제가 생기면 자금 문제를 겪게 될 수도 있다. 상품 구입 결제일과 현금 입금일 사이 차이가 있기에 자금 흐름을 정확하게 계산하고 여유 자금을 마련해 안정적으로 사업을 유지해야 한다. 하지만 노트북만 있다면 초기 자금을 크게 들이지 않고 언제 어디에서나 상품을 등록하고 매출을 발생시킬 수 있다는 장점이 크다. 스마트스토어의 장점을 충분히 활용한다면 상당한 부수입을 만들 수 있다.

앞서 소개한 다섯 가지 방법은 일상 속에서 부수입을 창출하는 방법이다. 엄청난 시간을 투자하는 일은 아니지만 내 삶에 활력과 행복을 주기에는 충분하다. 아이를 키우다 보면 문득 '아이는 이렇게 컸는데, 나는 그사이 뭘 한 걸까?'라고 생각이 들 때가 있다. 시간이 너무나 빠르게 지나가기 때문에 아쉬울 때도 많다. 그럴 때 블로그, 인스타그램, 유튜브 등은 엄마들의 삶에 또 다른 행복한 추억을 남겨 주는 도구가 될 수 있다. 일석이조인 수단! 지금 바로 시작해 보면 어떨까?

03

종잣돈 만드는 3단계 법칙

입을 모아 종잣돈 1억 원을 모으라고 권한다. 그만큼 1억 원이 가진 의미는 크다. 내 집 마련을 위한 최소 자금이기도 하며, 재테크 방식에 제약이 없어지는 금액의 시작이기도 하다. 아무리 집 한 채 가격이 수억 원에 이른다 해도 여전히 '억'이라는 단위가 주는 부담감이 상당하다. 한 달에 각종 식비, 생활비, 공과금, 교육비 등을 다 털고 나면 1억 원을 모으기까지 몇 년의 시간이 걸릴 것 같기 때문이다. 영원히 모으지 못할 것 같은 종잣돈을 빠르게 모으는 방법은 무엇일까? 내가 1,500만 원에서 시작해서 100억 원대 자산을 축적하기까지 지나온 길을 돌아보면서 3단계로 정리했다.

1단계: 절약하라

첫 번째 단계는 절약이다. 절약 단계에서는 과도한 욕심을 내기보다 현실 가능한 목표를 세우는 것이 중요하다. 예를 들면 '한 달에 한 항목만 공략하기'와 같은 것이다. 한 달에 한 항목을 공략한다는 것이 무슨 의미인지 와닿지 않는 분들을 위해 예를 들어 보겠다. 1월에는 외식비를 목표로 공략하고, 2월에는 의복비, 3월에는 커피값처럼 자신이 '가장 많이 쓰는 항목'을 찾아내 한 달간 집중적으로 공략하는 것이다.

이때 목표 카테고리는 물론이고 목표 금액까지 구체적으로 설정하는 것이 절약 체질로 바꿀 수 있는 팁이다. 금액 지정이 부담스럽다면, 챌린지 형식으로 진행해도 좋다. 커피를 매일 마시는 사람이라면 커피값을 공략하는 달에는 일주일에 2회 미만으로 커피 마시기 등 자신이 실천 가능한 범위 내에서 목표를 설정해 보자. 처음부터 아예 지출하지 않겠다고 목표를 정했다가는 오히려 좌절감에 빠져 다음 스텝으로 나갈 원동력을 잃고 만다. 작은 목표부터 시작하자. 해냈다는 만족감과 뿌듯함에 다음 달의 절약 또한 해낼 수 있다는 생각이 들고 점차 목표를 크게 만들기

1월	2월	3월	4월
외식비 10만 원 이내	의복비 0원 도전	커피 주 2회 미만	주유비 전달 대비 50%
5월	**6월**	**7월**	**8월**
식료품비 월 10만 원	배달 음식 주문 0회 도전	계절 용품 10만 원 이하	온라인 쇼핑 0회 도전
9월	**10월**	**11월**	**12월**
구독제 멤버십 1개 이상 해지	마트 쇼핑 1회 냉장고 파먹기	중고 거래 2회 도전	보험 다이어트

절약을 위한 월별 목표. 한 해의 소비 패턴을 분석 후 설정하자.

위해 자발적으로 노력하게 될 것이다.

요즘 맞벌이 부부들이 많은데, 이들의 주요 지출 항목 중 외식비가 상당 부분을 차지한다. 일단 식사를 준비하는 것도 힘들고 시간도 부족하다고 느낀다. 이에 더하여, 힘들게 일한 하루에 대한 보상으로 아이들이 좋아하는 피자나 치킨 또는 자신이 좋아하는 매운 떡볶이 등의 자극적인 음식으로 보상하려는 심리까지 더해진다. 부자 습관 프로젝트에서도 그랬고 EBS2 〈호모 이코노미쿠스 시즌2〉에서도 마찬가지였다. 그러니 자신이 줄일 수 있는 항목을 하나 정하고 집중적으로 공략하는 것이 답이었다. 결국 멘티들도 6개월에 1,000만 원을 모으는 데 모두 성공했다.

놀랍게도 월급 190만 원을 받는 분 또한 성공했다.

절약은 실제로 돈을 통제할 수 있다는 자신감을 얻게 하므로 투자 이전에 필수로 갖추어야 하는 기본 소양이다. 여기서 강조하고 싶은 것은 절약의 기준이다. 불필요한 지출과 필요한 지출을 구분할 수 있어야 삶이 더욱 행복해질 수 있다. 간혹 주변에서 절약을 위해서 모든 것을 참고 안 쓰시는 분들이 있다. 어르신들의 경우 그런 경우가 많은데, 왠지 마음이 안쓰럽고 안타까울 때가 많다.

다이어트를 할 때 단식을 권하지 않는 것처럼, 나는 무조건적 절약은 지양하자는 주의다. 절약하는 이유도 내 인생의 행복을 위해서인데, 불필요한 것을 줄이되 내가 진정 원하는 것이 무엇인지 반드시 함께 질문해 봐야 한다. 나를 위해 돈을 쓰는 행위가 궁극적으로 어떤 의미를 갖는지 되새겨야 한다.

2단계: 성실히 공부하라

두 번째 단계는 투자 방법을 성실히 공부하는 것이다. 종잣돈 1억 원을 만약 절약만으로 모은다면 어느 정도의 시간이 걸릴까? 대부분 가정에서 한 달에 200만 원을 저축하면 정말 훌륭한 편이고 마이너스가 나지 않는다면 다행인 경우가 많다. 물론 1인 가구이거나, 아이가 없을 때는 더 빨리 모으는 것이 가능하다. 아이가 태어나면 문제가 달라진다. 생활비, 양육비 등 많은 돈이 들어간다. 결국 1억을 모으기 위해서는 무한정 시간이 든다. 여기서 투자 공부가 꼭 필요하다.

무턱대고 투자하면 자연스럽게 실패가 뒤따른다. 그렇기에 단계별로 투자에 관한 공부를 선행하고 투자를 해야 한다.

아래 다섯 단계를 통해서 공부의 범위를 넓혀 나가고 투자에 임해야 한다. 또한 투자 공부 노트를 마련하여 기록하고 추세를 살펴봐야 한다.

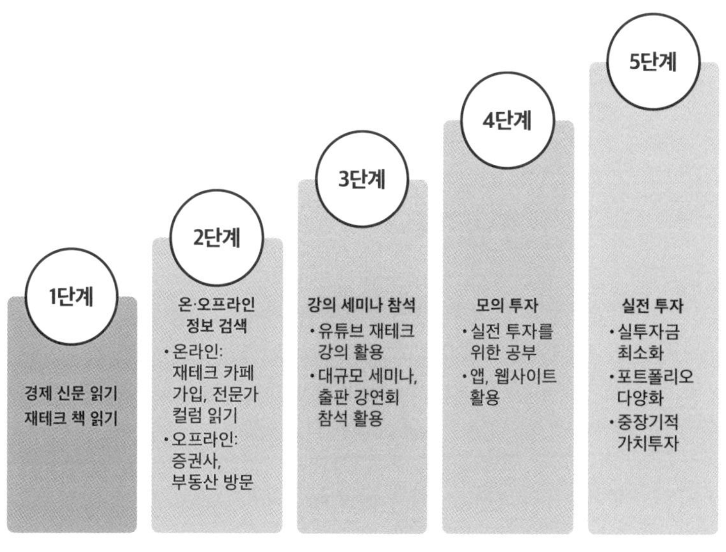

급한 마음에 투자부터 하는 실수 없이 차근차근 단계를 밟아서 공부하자.

3단계: 소득을 높여라

세 번째 단계는 소득을 높이는 것이다. 시간당 버는 금액이 커질수록 부를 쌓는 데도 저절로 가속도가 붙게 된다. 이를 위해 내가 제안하고자 하는 방법이 바로 '퍼스널 브랜딩personal branding', 나의 가치를 높이고 스스로를 브랜드화하는 것이다. SNS가 발달함에 따라서 블로그, 인스타그램, 페이스북, 틱톡 등 다양한 채널을 통해서 본인만의 콘텐츠를 만들어 홍보하기가 쉬워졌다. 본인의 개성과 가치를 쉽게 알릴 수 있는 시대가 온 것이다.

퍼스널 브랜딩
자기 자신을 브랜드화하는 것. 자신에 대한 명확한 콘셉트와 이미지를 제시해 사람들에게 인식시키는 것을 말한다.

부산 해운대에서 필라테스 강사를 하는 윤아 씨는 개인 대상으로 필라테스 강습소를 운영했지만, 수입이 영 만족스럽지 않았다. 대형 센터에서 그룹 강의를 병행하는 데도 수입 규모는 그다지 달라지지 않아 지쳐만 갔다. 그러던 어느 날, 윤아 씨가 해운대 바다가 바로 보이는 오피스텔을 임대했다. 그리고 '산전후 관리 전문 필라테스 강사'로 포지셔닝을 시작했다. 본인의 오피스텔에서 필라테스 영상을 촬영해 유튜브에 올렸는데, 유튜브가 서서히 알려지기 시작했다. 유튜브를 기점으로 본인의 퍼스널 브랜딩을 구축했고, 산전후 산모들의 건강을 위한 필라테스 소책자도 만들어서 판매했다. 개인 사업자이지만 무료 사이트를 통해 로고를 멋지게 만들었고, 지금은 유튜브, 마케팅으로 분주한 하루하루를 보내고 있다. 유튜브나 소책자를 통해 윤아 씨를 알고 찾아오는 고객들은 보통 산전후 건강 문제로 시달리는 경우가 많은데, 유튜브에는 윤아 씨의 산전후 개인 강습을 수강하고 건강이 나아졌다는 후기 댓글이 줄을 잇는다. 이렇게 퍼스널 브랜딩을 통해 개인 강습을 하면서 월수입은 이전보다 5배 이상 상승했다.

퍼스널 브랜딩을 통한 수익화를 위해서는 포지셔닝이 선행되어야 한다. 우선 나의 강점과 흥미를 파악한 후 시장 조사를 통해서 핵심 고객을 설정하는 것이 필요하다. 처음부터 고객을 막연하게 정하지 말고, 세분화해서 집중 타깃을 정한다면 훨씬 성공이 빨라진다.

나 역시 처음부터 모든 사람을 대상으로 책을 쓰고 강의를 하기보다는 엄마들을 대상으로 전문 강의를 시작했다. 엄마들 사이에서 인지도를 쌓으면서 나중에는 대중적인 재테크 강의도 시작했고 교원 그룹 칼럼니스트 등으로 활동하게 되었다. 퍼스널 브랜딩이 막막하다면 나의 강점 흥미 분석, 시장 조사, 핵심 고객 세분화, 포지셔닝, 수익화를 위한 퍼스널 브랜딩 마케팅 활동, SNS 채널 활용 방법 등을 통해 단계적으로 접근해 보자.

04

내 인생을 바꾼 부자 엄마 습관

신혼 초 원룸 빌라에서 살고 있을 때였다. 친한 대학원 후배의 집들이에 초대를 받았다. 위치도 멀지 않았다. 내가 살던 곳은 방이동 먹자골목이었는데, 그곳에서 10분도 되지 않는 거리에 있는 잠실 신축 아파트였다. 수입 그릇과 새 가구로 가득한 집에서 파티를 하고, 저녁 늦게야 우리 집으로 다시 돌아왔다.

집앞에는 배달 오토바이가 다니느라 소음이 일상이었다. 집 한구석을 차지한 세탁기는 7만 원 주고 중고로 샀고, 그릇은 시장 어딘가에서 샀는지 기억조차 나지 않았다.

사실은 그까짓 그릇이나 세탁기의 문제가 아니었다. 내 마음이 문제였다. 나도 모르게 그날따라 삶이 힘들게 느껴졌다. '남들은 모두 태어날 때부터 주어진 것들을 누리고 사는데, 왜 내 인생은 늘 이렇게 아등바등 살아야 할까?'

고등학생 시절 부모님의 사업이 부도가 난 이후, 학자금 대출을 비롯해 각종 빚을 갚느라 나는 늘 바쁘고 여유가 없었다. '누구는 금수저로 태어나서 잘 살고, 나는 왜 고생을 하며 허덕이는가'라는 피해 의식이 나를 사로잡았다. 부모님께서 주신 크나큰 사랑과 희생에 대한 감사 대신, 내 마음에는 불만과 불평이 가득했다.

통장 잔고를 확인하고 나니 마음속 분노는 더욱 커졌다. '이 돈으로 어떻게 부자가 될 수 있지? 내가 원하는 삶을 살 수 있을까?'라는 두려움도 더욱 커졌다.

그저 작고 예쁜 수입 그릇을 본 날이었을 뿐인데, 내 초라한 그릇처럼 내 인생이 초라하게 느껴지던 하루였다. 그렇게 시간은 평소 같이 흘렀고, 어느 순간 나도 모르게 나 자신에게 질문을 던지게 되었다.

"계속 이렇게 살고 싶니?"

이렇게 환경을 탓하면서 인생을 살고 싶은 것인지 아니면 무엇인가 바꾸고 싶은 것인지라는 질문이었다. 돈이 없기에 돈 공부를 해야 하고, 사랑하는 사람들을 지키기 위해서 내가 더 강해져야 한다는 생각이 들었다. 그 생각이 어느 순간 스쳤는지는 모르겠지만, 이후 줄곧 내 삶을 이끌었던 것은 분명하다.

인생을 살다 보면 누구나 깨닫는 진리가 있다. 바로 내 인생은 내가 책임져야 한다는 것이다. 그리고 나에게는 자유가 있다. 자유란 바로 모든 결정의 책임이 나에게 있고, 또 내가 나아갈 방향은 내가 정할 수 있다는 것이다. 내가 이 진리를 깨닫고 변하기 위해 움직이자 기회가 보이기 시작했다. 마음의 문이 열렸기 때문이다.

부자 엄마 습관으로 가장 먼저 강조하고 싶은 것이 바로 '마인드'이다. 내 마음을 변화하지 않는다면 그 무엇도 시작될 수 있다. 강의를 시작할 때, '부자 엄마 마인드 5대 원칙'을 강조한다. 5대 원칙은 다음과 같다.

1. 나는 남을 탓하지 않겠습니다.
2. 나는 현재의 환경을 탓하지 않겠습니다.
3. 나는 절박한 마음으로 노력하겠습니다.

4. 나는 나 자신을 끝까지 믿겠습니다.

5. 나는 반드시 행동하겠습니다.

특히 마지막의 "나는 반드시 행동하겠습니다"는 강의에서 늘 수강생들에게 함께 외치게 유도한다. 부자 엄마 마인드는 부자가 되고 싶다면 반드시 장착해야 한다. 절대 잃지 않는 재테크 방법이 무엇인지 고민만 하기에도 부족한데 남을 탓하고 원망하면서 시간을 보낼 수는 없기 때문이다. 누구나 가진 에너지에도 총량이 있기에 나의 소중한 에너지를 좋은 생각에 써야 한다.

그런데 이런 마인드를 갖추어도 부자 엄마 습관을 내 것으로 만들기가 영 쉽지 않다. 그래서 다음과 같은 미션을 수강생들에게 강조한다.

1. 모닝 플랜 쓰기

2. 성공 일기 쓰기

3. 감사 일기 쓰기

4. 미래 일기 쓰기

모닝 플랜은 그날을 계획하는 일곱 가지 질문이 들어있다.

_____년 ___월 ___일 __요일

1. 오늘의 예상 지출(예산)	15,000원
2. 어제 실제 지출	23,000원
3. 오늘 꼭 해야 할 일	관리비 납부
4. 오늘 가장 중요한 일	강연회 신청
5. 지출을 줄일 수 있는 방법은?	리스트 작성 후 장보기
6. 수입을 키울 수 있는 방법은?	꾸준한 공부
7. 나는 내가 좋다. 왜냐하면	지구력이 좋다
성공 일기	커피를 사마지지 않았다
감사 일기	날씨가 좋아 감사하다
미래 일기	나는 신축 아파트를 산다

부자 엄마 습관을 갖추기 위한 매일의 미션을 정리한 것이다.

7번의 경우, 플랜이라고 하기에는 애매하다고 생각할 수도 있다. 자존감이 낮은 참가자들을 보면서 추가한 것인데, 매일 아침 자신의 장점을 쓰다 보면 점점 자신을 사랑하게 된다.

성공 일기는 어제 내가 했던 일 중 잘한 일을 칭찬하는 일기이다. '충동적으로 외식을 할 뻔했으나 참았다'와 같이 사소한 것이라도 좋다. 우리는 은연중에 칭찬받을 행동들로 하루를 채우고 있다. 내가 나를 칭찬하지 않으면 그 누구도 알 수 없다. 이렇게 매일 착실하게 쌓은 자존감과 뿌듯함은 더 큰 성공을 만드는 발판이 되어줄 것이다. 또한, 어제 있었던 일이나 오늘 있었던 일 중에서 나 자신의 사소하고 작은 일도 찾아내 칭찬하는 습관으로 나의 뇌를 긍정적으로 만든다. 중요한 점은 반드시 오전에 써야 한다는 것이다. 성공 일기를 통해 하루를 힘차게 시작할 수 있기 때문이다.

감사 일기는 말 그대로 소소한 일상에 감사하며 쓰는 것이다. '오늘 하루를 개운한 컨디션으로 시작하게 되어서 감사하다', '오늘 산책할 때 날씨가 너무 좋아서 감사했다' 등 소소한 일상에 감사하는 습관을 만들어 보자. 겸손과 긍정적인 사고가 몸에 배나중에 위기가 오거나 불안해져도 금세 극복하게 된다. 감사 일기는 아침에 적어도 좋지만, 잠들기 전에 하루를 돌아보며 적어도 좋다. 만약 아침과 밤, 하루 두 번 작성한다면 더할 나위 없이 좋다.

미래 일기란 내가 상상하는 나의 모습이 되어, 마치 그 상황에 있는 듯 자세하게 일기를 쓰는 것이다. 짧게는 몇 줄로 적을 수 있지만 언제, 어디서, 무엇을 어떻게 했는지, 그때의 기분은 어떠한지 마치 시공간을 뛰어넘어 미래의 그 순간을 생생하게 묘사할수록 좋다. 미래 일기 역시 아침 일찍 쓰기를 추천한다. 만약 처음부터 자세히 쓰기가 어렵다면 한 줄로 시작해도 좋다.

처음에는 아주 막연한 미래여도 좋다. 그 한 줄이 또 다른 미래를 불러올 것이다. 100억 부자인 자신의 모습을 상상해서 처음에 썼다면, 그 100억 원을 얻기 위해 어떤 사업을 할 것이고 어떤 행동을 할 것인지 점점 구체적인 미래 일기를 쓰게 된다. 어느새 막연했던 꿈을 이루기 위한 구체적인 행동 방안들이 보이기 시작할 것이다. 내가 운영하는 네이버 카페 '뉴리치100newrich100'에는 매일 이렇게 한 줄씩 미래 일기를 작성하는 게시판이 있다. 모든 회원이 자신의 삶을 바꿀 수 있는 마인드를 가지기 바라면서 만든 게시판이다.

이 미션들이 과연 정말 나를 부자로 만들 수 있을지 의심되는가? 속는 셈 치고 딱 한 달만 해보자. 돈이 드는 것도 아니지 않는가? 한 달 뒤, 부자 엄마 습관을 통해서 하루하루 눈부시게 변하는 자신을 만나게 될 것이다.

엄마의 10억 로드맵

추천 재테크 커뮤니티&유튜브 채널

수많은 재테크 정보 중 엄선된 정보들을 얻고 싶은 엄마들에게 추천하는 재테크 커뮤니티와 유튜브 채널을 정리했다. 나에게 맞는 커뮤니티와 유튜브를 추린 후 꾸준히 방문하자.

추천 재테크 커뮤니티

- **MKYU 김미경** www.mkyu.co.kr

대한민국 최고의 여성 멘토 김미경 원장이 운영하는 자기계발 커뮤니티. 영어, 자격증, 재테크 등 각 분야 전문가들의 강의를 수강할 수 있다.

- **부읽남의 디벨로** cafe.naver.com/takeschool

부동산읽어주는남자 정태익 작가가 운영하는 카페. 부동산 관련 정보를 얻을 수 있다.

- **조성희의 마인드파워** cafe.naver.com/oneamazinglife

대한민국 유일한 밥 브록터의 비즈니스 파트너 조성희 대표가 운영하는 카페. 내 안의 잠재된 능력을 깨우는 데 도움 된다.

- **다꿈스쿨** cafe.naver.com/dreamagainschool

경제적 자유를 위한 각종 부동산 정보를 얻을 수 있다.

- **월급쟁이부자들** cafe.naver.com/wecando7

직장인을 위한 재테크 카페로 부동산을 비롯한 각종 재테크 정보를 얻을 수 있다.

- **텐인텐** cafe.daum.net/10in10

10년 안에 10억 모으기를 목표로 한 재테크 커뮤니티로 각종 재테크 정보를 확인할 수 있다.

- **북극성 부동산 재테크** cafe.naver.com/polarisauction

부동산 재테크 카페로 상가, 경매 등 다양한 부동산 재테크 정보를 얻을 수 있다.

- **행복재테크** cafe.naver.com/mkas1

최고의 경매 고수 송사무장이 운영하는 재테크 카페. 분야 전문가들의 다양한 칼럼도 확인할 수 있다.

- **즐거운 경매** cafe.naver.com/playauction

이현정 작가가 운영하는 경매 카페. 부동산 경매 투자 정보를 다양하게 확인할 수 있다.

- **짠돌이 부자되기** cafe.naver.com/engmstudy

절약하는 재테크 카페로, 절약을 위한 각종 팁들을 얻을 수 있다.

- **똑똑한 부동산 투자 by 아임해피** cafe.naver.com/iamhappyschool

부동산 전문가 아임해피가 운영하는 네이버 카페. 특히 청약 관련 정보를 자세히 얻을 수 있다.

- **훨훨의 부자지도** cafe.naver.com/userbeat

입지 분석 전문가 훨훨이 운영하는 네이버 카페. 수많은 지역의 임장 정보를 얻을 수 있다.

- **스마트튜브경제 아카데미** www.smarttube.kr/

김학렬 소장이 운영하는 경제경영 아카데미. 재테크 분야 고수들의 강의를 수강할 수 있다.

- **옥탑방보보스의 부동산 투자** cafe.naver.com/okbos

토지 투자 전문가 김종율 강사가 운영하는 네이버 카페. 토지 투자 정보를 얻을 수 있다.

- **뉴리치 연구소** cafe.naver.com/newrich100

필자가 운영하는 네이버 카페. 부자가 되기 위한 각종 습관을 쌓을 수 있고, 각종 재테크와 자기계발 정보를 얻을 수 있다.

- **존리의 부자학교** www.johnleeschool.com

존리 대표가 운영하는 곳으로 금융 교육 강의를 수강할 수 있다.

- **인클** incle.co.kr

단희 대표가 운영하는 곳으로 돈, 건강, 행복과 관련된 강의를 수강할 수 있다.

- **푸릉** prng.kr

렘군이 운용하는 곳으로 각종 부동산 강의를 수강할 수 있다.

- **애덤 스미스 클래스** www.adamsmithclass.co.kr

전인구 대표가 운영하는 곳으로 주식 및 자기계발 강의를 수강할 수 있다.

- **클래스 101** class101.net/ko

온라인 강좌 플랫폼으로 재테크를 등 다양한 분야의 강의를 수강할 수 있다.

- **클래스 유** www.classu.co.kr

온라인 강좌 플랫폼으로 재테크를 등 다양한 분야의 강의를 수강할 수 있다.

추천 재테크 유튜브 채널

마인드셋

- **김미경 TV** youtube.com/@MKTV
- **자청** youtube.com/@jachung_
- **드로우앤드류** youtube.com/@drawandrew
- **켈리 최** youtube.com/@KELLYCHOITV
- **N잡하는 허대리** youtube.com/@njobs_heo
- **김새해 TV** youtube.com/@saehaekim
- **김유라 TV** youtube.com/@goodrichproject
- **염미솔** youtube.com/@yeommisol
- **부읽남 TV** youtube.com/@buiknam_tv
- **조성희 마인드파워** youtube.com/@LifeSuccessKorea
- **이지영 TV** youtube.com/@user-rb7tb5io3z
- **행복부자샤이니** youtube.com/@HappyRichShiny
- **카이로스 북클럽** youtube.com/@kairosbc
- **스터디언** youtube.com/@studian365
- **하우투** youtube.com/@invest_haru/videos

시사 경제 트렌드

- **경제 읽어주는 남자** youtube.com/@LetUReadEconomy
- **홍춘욱의 경제강의노트** youtube.com/@chunukhong
- **복덕방기자들** youtube.com/@bok_reporter
- **뒷동산(돈버는 부동산 이야기)** youtube.com/@SkyHCN1
- **매일경제 TV** youtube.com/@MKeconomy_TV
- **전인구 경제연구소** youtube.com/@moneydo

절약

- **재테크하는 아내, 구채희** youtube.com/@koochaehee

- **강과장** youtube.com/@user-iy8mp3yq5i
- **김짠부 재테크** youtube.com/@zzanboo

재테크 정보

- **정스토리 정선용** youtube.com/@user-te2jp5zk9b
- **김작가 TV** youtube.com/@lucky_tv
- **푸릉_렘군** youtube.com/@prng_official
- **부자아빠 청울림** youtube.com/@Dreamagainschool
- **월급쟁이부자들** TV youtube.com/@weolbu_official
- **행크 TV** youtube.com/@hank_tv
- **스마트튜브** youtube.com/@ppassong
- **북극성주 TV** youtube.com/@polaris_official
- **정지영 아임해피** youtube.com/@iamhappyteacher
- **훨훨의 부의 센스** youtube.com/@flapofficial
- **이현정 TV** youtube.com/@joyfulsara
- **빌딩진영쌤** youtube.com/@Building_Jinyoung
- **채부심** youtube.com/@chaeboosim
- **유근용의 투자공부** youtube.com/@read-action
- **존리 라이프스타일 주식** youtube.com/@johnleeschool
- **주언규** youtube.com/@joo_pd
- **김주하 TV** youtube.com/@juha-hyogwa
- **박세니 마인드코칭** youtube.com/@senny_park
- **오드리 TV** youtube.com/@ohdleetv
- **단희 TV** youtube.com/@danheetv
- **소사장소피아** youtube.com/@soceo
- **3040 재테크, 세빛희** youtube.com/@user-hw6be3rb8v
- **절약왕 정약용** youtube.com/@jyyjyy
- **돈립만세** youtu.be/vgnFPSeefnM
- **여도은 앵커의 돈되는 돈tv** youtube.com/@yeodoeun

2장

엄마의 부자 되기 로드맵 10단계

01

부자가 되고 싶은 '진짜 이유'를 찾아라

곤히 잠들어 있던 어느 깊은 밤, 갑자기 울린 오토바이 굉음에 놀라 눈을 떴다. 방이동 먹자골목 인근에 있던 빌라촌에는 밤낮없이 배달 오토바이들이 지나가곤 했다. 다음 날 아침, 출근길에 나서면 오토바이가 지나던 골목길에 밤새 버려진 쓰레기와 빈 병이 널려 있었다. '이곳에서 얼른 떠나고 싶다'라고 생각하면서 잠시 주위를 돌아보다가 고개를 들어서 푸른 하늘을 보았다. 원룸에서 생활하는 것이 힘들어 간신히 투룸으로 옮겼지만 내 삶은 그리 달라지지 않았다.

'언젠가는 조용한 내 집을 갖게 될 수 있을까?'

아이가 태어나기 전에는 당장이라도 노력만 하면 모든 것을 이룰 수 있을 것 같았다. 그런데 현실은 그렇지 않았다. 아이가 태어나고 나니 생활비, 교육비 등 '돈' 문제가 나를 괴롭혔다. 돈은 우리 부부의 어깨를 24시간 짓누르고 있었다. 현실은 숨 막히게 답답했고, '돈에 대해 아는 게 하나도 없다'라는 생각은 나 자신을 더욱 움츠리게 했다.

출근을 하려고 현관문을 나선 여느 날의 아침이었다. 현관 문고리에 걸린 큰 가방을 열어 보니, 반찬과 따뜻한 국이 있었다. 친정엄마가 새벽부터 출근하는 딸을 위해 반찬과 따뜻한 국을 끓여 내가 잠에서 깰까 벨도 누르지 않고 문고리에 걸어 놓고 가신 거였다. '우리 딸, 아침 꼭 챙겨 먹어'라는 쪽지와 함께 있던 따뜻한 음식 너머 엄마의 사랑에 눈물이 핑 돌았다.

순간 나도 우리 엄마 같은 따뜻하고 강한 엄마가 되고 싶다는 생각이 들었다. 전업주부의 삶을 사시던 엄마는, 아버지가 사업에 실패하신 이후 생계를 위해 안 해본 일이 없으셨다. 마르고 여리기만 하시던 엄마는 우리 남매를 위해 궂은일도 마다하지 않고 밤낮으로 일하셨다. 아버지 사업으로 인한 빚더미에서 벗어나 우리를 가르치기 위해서 얼마나 힘들게 노력하셨을지 그때는 짐

작조차 하지 못할 정도로 철이 없었다. 집안 사정이 힘든 것도 모르고 친구가 학습지 하니까 나도 시켜달라고 하던 나 때문에 급기야 하던 일에 보험 일까지 시작하셨다. 엄마가 되고 나서야 그때의 사랑을 깨닫게 되었고, 나도 이제 누군가의 '희망'이자 '버팀목'이 되어야겠다는 생각이 들었다. 그와 동시에 내 마음속에서 작은 용기가 샘솟았다.

'돈'에 지지 않는 강한 엄마가 되고 싶었다. 그때부터 내가 할 수 있는 일을 하나씩 도전하고 배워 가기로 했다.

누구에게나 '진짜 이유'가 있다

재무 상담을 하다 보면 다양한 상황에 놓인 엄마들을 만나게 된다. 얼마 전 상담에서는 3교대로 근무하는 간호사분이 방문했다. 상담 중에 자신의 힘든 상황을 이야기하면서 눈물을 흘리셨다. 아이와 더 많은 시간을 보내고 싶지만, 생사가 오가는 중환자실에서 하루를 보내고 집에 오면 밀린 집안일도 겨우 한다고 했다. 일과 육아를 병행하는 데서 오는 스트레스로 고통받고 계셨다. 10년 이상을 맞벌이로 일했지만 서울에 집 한 채 마련하는 것은 꿈 같은 일이었고, 정년퇴직 때까지 이렇게 살아야 한다는 생각에 몸과 마음도 지쳐가고 있었다. 긴 한숨을 쉬시며 내게 토로하셨다.

"재테크를 위한 시간조차 내기 힘든 상황이에요."

우리 대부분이 그렇게 살아가기에 누구나 공감할 수밖에 없다. 그런데 놀랍게도 3교대를 하시는 그분이 심야 근무로 밤을 새우고도 내 집 마련을 위해 공부를 하고, 부동산을 보러 가기 시작했다. 그 힘든 현실에서 그녀를 움직인 원동력은 딸에게 있었다. 첫째 딸이 음악을 하고 싶어 하는데, 언제든지 연습할 수 있는 작은 방이라도 마련해 주고 싶었기 때문이다.

그런가 하면 허리가 약해서 집안일도 힘들어하시던 이웃 아주머니가 계셨다. 어느 날 그분이 마트에 취직하시고 장시간 서서 일하는 것을 알게 되었다. "갑자기 왜 일을 시작하셨어요?"라는 질문에 멋쩍어하시며 "우리 딸 과외비 때문에 어쩔 수 없이 나서게 되었어"라고 말씀하셨다.

'진짜 이유'가 생기는 그 순간, 우리는 영영 하지 못할 듯했던 일도 해낸다. 답답한 상황에서 한 걸음 박차고 나가기 위해서는 '진짜 이유'가 필요하다. 극한 상황에 처하기 전에는 우리는 익숙한 현실에서 결코 쉽게 움직이지 않는다.

'진짜 이유'를 찾기 위해서 본인이 진정으로 원하는 것이 무엇인지 자기 자신에게 솔직하게 이야기하는 시간을 가져야 한다.

내가 진정으로 원하는 것을 적는 것은 물론이고 내가 원하지 않는 것도 함께 적어 보아야 한다. 결국 나를 움직이는 것은 '진짜 이유'이기 때문이다. 그리고 그 이유에 실린 감정이기 때문이다.

재무 상담을 할 때, 나는 반드시 다음의 질문을 한다.

"돈을 모으면 무엇을 하고 싶으세요?"

처음에는 세계 여행, 카페 등 흔한 답이 나오지만, 몇 번을 계속 질문하면 결국 숨겨진 감정이 나온다. 음악을 공부하고 싶어 하는 딸을 마음껏 지원해 주고 싶은 엄마의 '사랑', 아이와 스트레스 없이 더 많은 시간을 보내고 싶어 하는 워킹맘의 '죄책감', 경제적으로 자립하고 싶은 나에 대한 '자존감' 등 내 안에 있는 진짜 감정이 있다. 내가 바라는 진정한 이유를 알게 되는 순간, 막연한 두려움에서 벗어나 변화의 첫발을 내디딜 수 있다. 노트를 펼치고 그 감정들을 하나씩 적어 보자. '진짜 이유'를 적는 순간, 부자 되기 로드맵의 1단계가 시작된다.

02

부자의 돈 습관을 따라 하라

"10년 동안 뭘 했는지 모르겠어. 혼수 준비도 버거워."

고등학교 친구 윤지의 결혼 소식에 친구들이 모두 모였다. 그런데 윤지가 이렇게 말하자 우리는 놀랄 수밖에 없었다. 윤지는 친구들 가운데 가장 빨리 취직해 10년 넘게 일하고 있었다. 게다가 검소함이 몸에 배어 월급을 한 푼도 헛되이 쓰지 않고 모으는 착실함으로 당연히 목돈을 모았으리라 생각했다.

그렇게 10년 이상 사회생활을 했고, 친한 친구들 무리에서 가장 먼저 가정을 꾸린다니 친구들은 모두 윤지의 결혼 준비가 신나고 즐거울 것이라고 부러워했다. 그런데, 우리의 예상과는 달리 결혼 준비를 하는 내내 윤지는 돈 문제로 힘들어했다. 당시 이 말을 들으면서 우리는 어렴풋이나마 현실을 깨닫게 되었다.

야간 대학교에 다닐 기회가 있었지만, 등록금을 내야 한다는 생각에 그마저도 선택하지 않았던 윤지의 연봉은 안타깝게도 10년간 크게 상승하지 않았다. 주변 사람들이 투자로 돈을 벌었다는 소식을 들을 때마다 솔깃했지만 이내, '쥐꼬리만 한 월급인데 이것마저 잃으면 어떡해'라는 생각에 투자는 엄두도 내지 않고 오로지 적금만 부었다. 해가 지날수록 적금 통장 수가 늘어갔다.

그렇게 세월이 지나고 윤지가 결혼할 무렵에는 물가가 엄청나게 오른 뒤였다. 윤지가 안 먹고 안 쓰고 한 달에 100만 원씩을 모았어도 10년간 모은 돈으로 서울은커녕 경기도에 전세 아파트를 구하기도 버거운 금액이었다. 힘들게 화곡동 낡은 빌라에서 전세로 신혼을 시작했던 윤지는 지금도 전세를 살고 있다. 그마저도 전세금이 오르면서 전세 대출을 받아야 했고 생활은 더욱 힘들어졌다.

절약만이 정답일까?

절약만이 유일한 재테크라고 믿던 시절이 있었다. 아무리 허리띠를 졸라매고 지출을 줄이고 적금을 늘려도 내 집 마련은 허상으로만 느껴졌다. 그때 절약만이 답이 아님을 깨달았다. 방법을 바꿔 주변에 자산을 보유하고 있는 부자들을 관찰하기 시작했다. 그리고 재테크 책을 독파하며 성공한 자산가들의 이야기를 알아 갔다. 그들의 돈 습관은 달랐다. 물론 첫 단계는 절약이었다. 그러나 그들에게는 늘 다음 단계가 있었다. 절약의 다음 단계는 투자 공부였고, 그다음은 과감한 투자였다. 그리고 마지막 단계는 자산을 지키기 위한 공부였다. 절약으로 종잣돈을 모은 후, 투자하고, 자신을 끊임없이 발전시키고 통제했다.

《부자들은 왜 장지갑을 쓸까》의 저자 카메다 준이치로는 소비하기 전, 자기 자신에게 '이것은 소비인가, 투자인가, 낭비인가?'라는 질문을 던져야 한다고 말한다. 그 물음의 답이 '낭비'라면 과감하게 그만둘 수 있어야 하고, 그렇지 않으면 적어도 낭비 횟수를 두 번에서 한 번으로 줄일 수 있어야 한다고 주장한다.

신용카드는 현금보다 낭비하기 쉬우니, 되도록 현금을 사용하고 돈을 지불하기 전에 소비성인지, 투자인지, 낭비인지 스스로에게 질문하고 판단한다.

윤지를 보면서 이런 생각이 들었다. 윤지가 만약에 야간 대학교에 가서 배우고 싶은 것을 배울 수 있었다면, 야간 대학교의 학비가 낭비나 소비가 아닌, 미래 소득을 높일 수 있는 '가치 있는 투자'임을 깨달았다면 어떻게 되었을까? 윤지의 행복지수는 물론 소득 또한 높아졌을 것이다. 어쩌면 인생이 송두리째 바뀌었을 지도 모른다. 배움에 대한 투자는 금융 지식을 높이고, 미래소득까지 바꿀 수 있다.

간혹 뉴스에서 파산하거나 빚더미에 앉은 연예인의 소식을 발견할 때가 있다. 소득이 높다고 해도 제대로 된 관리 없이 과소비만 지속한다면 결국 파산으로 이어진다. 사람은 아무래도 더 많이 벌수록 더 소비하려는 경향이 있는데, 이때 필요한 것이 부자의 돈 습관이다. 대체 부자의 돈 습관은 무엇일까?

수많은 재테크 서적을 읽었고 나 역시 종잣돈이 없는 상태에서 신혼을 시작했던 과거를 돌아보면서 다음과 같이 부자의 돈 습관 5원칙을 정해 보았다.

〈부자의 돈 습관 5원칙〉

1원칙: 현금을 사용해 계획적으로 소비하라

2원칙: 종잣돈 모으기의 목표와 기간을 수립하라

3원칙: 소득을 높이기 위해 나 자신에게 투자하라

4원칙: 소액으로 시작해 투자 안목을 높여라

5원칙: 꾸준한 돈 공부로 자산을 지켜라

부자의 돈 습관 5원칙

1원칙은 현금 사용을 통해 계획적 소비를 습관화하는 것이다. 신용카드로 지출하면 과소비로 이어지기 쉽다. 지갑에 현금을 가지고 다니며 사용하면 소비 금액이 바로 눈에 보이기에 소비 통제가 쉬워진다. 저절로 계획적인 소비가 습관화된다. 특히 지갑에는 그 주의 생활비만 지갑에 넣어 다니기를 추천한다. 과소비를 막는 데 유용하다. 현금을 들고 다니기 어렵다면 체크카드가 대안이 될 수 있다. 적립 혜택이 있는 카드로 포인트까지 얻는 지혜를 발휘하자.

2원칙은 종잣돈 모으기의 목표와 기간을 설정하는 것이다. 나 역시 처음 종잣돈을 모을 때 '1억 원 모으기'라는 목표가 있었지만, 기간을 정하지 않자 시간이 갈수록 마음이 해이해지기 시작했다. '3년 안에 5,000만 원' 모으기, '5년 안에 1억 원 모으기' 등 자신의 상황에 맞게 종잣돈 목표를 세우고 기간까지 설정한다면 목표에 더욱 빠르게 다가갈 수 있다.

그리고 '아직 ○○○만 원이나 남았네', '아직 ○○개월이나 남았어'라고 생각하기보다는 '벌써 ○○%나 모았구나'라고 자신을 칭찬해 주는 것도 방법이다. 일단 목표의 50%를 달성했다면, 그 뒤는 어느 정도 모으는 습관이 쌓여 초기와 비교해 훨씬 수월하게 모을 수 있다.

3원칙은 소득을 높이기 위해 나 자신에게 투자하는 것이다. 직장인 길준 씨는 얼마 전 포토샵 강의를 등록해 수강을 마쳤다. 수강 이후 프리랜서 수입 창출이 가능한 재능 공유 플랫폼을 통해 퇴근 후 로고 제작 및 사진 보정 작업으로 월 100만 원 이상의 부수입을 올리고 있다.

물론 처음부터 월 100만 원 이상의 부수입을 올리지는 못했다. 한 건 한 건 후기들이 쌓이자 길준 씨에게 의뢰하는 사람들이 늘어나면서 안정적인 부수입을 확보하게 되었다. 대부호 워런 버핏은 세상에서 가장 우량한 종목이 무엇이냐는 질문에 '나 자신'이라고 답했다. 자신에 대한 투자를 게을리하지 않을수록 소득처는 다양해지고 수입 또한 늘어난다.

4원칙은 소액으로 시작해 투자 안목을 높이는 것이다. 주변에서 5년째 투자 공부만 하는 후배가 있다. 언제 투자를 시작할 것이냐는 질문에도 늘 '아직 준비되지 않아서'라며 얼버무린다. 수영도 물에 들어가 헤엄쳐 봐야 실력이 조금이라도 향상하듯, 투자 역시 아주 조금이라도 직접 해봐야 실력이 향상된다. 100만 원을 수중에 가지고 있다면 당장 시작해 보기를 추천한다. 아니,

당장 시작해야 한다.

마지막 5원칙은 꾸준한 돈 공부를 통해 자산을 지키는 것이다. 친한 후배 수민이는 몇 년 전에 첫 투자를 시작했고 지금까지도 좋은 성과를 꾸준히 내고 있다. 투자 수익을 통해 자산가의 반열에 올랐지만, 여전히 매일 아침 경제 기사와 뉴스를 보고, 빼놓지 않고 경제 포럼에 참석해 투자 트렌드를 파악하고 투자 시장을 모니터링한다. 그녀의 자산은 매일매일 불어나고 있다.

일부 사람들은 한번 큰 수익이 나면, 대박이 났다는 자만심에 빠져 투자를 쉽게 생각해 버리고는 이후 성급하고 가벼운 투자를 하기도 한다. 마치 다이어트를 한다면서 안 먹고 꾹 참다가 어느 날 갑자기 폭식하게 되는 날이 있듯이, 투자 역시 수익을 보고 성공까지 가는 과정에서 엄청난 노력과 인내가 필요하기에 성공의 축배를 드는 것과 동시에 자산 관리를 소홀히 하기 쉽다.

이외에도 자산이 어느 정도 쌓였다는 소문이 주위에 돌면 수많은 투자 제의가 들어오는데, 이때 제대로 된 조사나 준비 없이 고수익만 기대하며 성급히 투자하면 파산까지 치닫는 일도 있다. 마치 극단적 단식을 통한 다이어트가 추후 더 심한 요요가 오는 것과 마찬가지다. 그러므로 우리는 항상 자산을 안정적으로 지키기 위해 돈 공부를 습관화해야 한다.

부자의 돈 습관 5원칙을 기억하고 오늘부터 적용해 보자. 부자의 돈 습관은 당신의 삶을 송두리째 바꿀 것이다.

TIP 부자 엄마 한마디

재능 공유 플랫폼

온라인을 통해 개인의 재능과 지식 등을 공유하는 플랫폼. 크몽, 숨고, 피움마켓, 탈잉 등이 있다. 핸드메이드 아이템 판매부터 자기소개서 첨삭, 영상 편집 등 다양한 분야의 재능을 사고 팔 수 있는 플랫폼. 단 플랫폼마다 수수료 차이가 있으니 이용 전에 수수료를 비교하고 결정하자.

03

100만 원으로 재테크를 시작하라

"돈이 있어야 재테크를 하지!"

많은 사람이 종잣돈이 없어 아무것도 시작할 수 없다고 생각한다. 그 돈으로 어디에 투자해야 큰 수익이 날 수 있을지 모르겠고, 그 돈으로 재테크를 해봤자 부자 되기란 불가능한 일이라고 단정 지어 생각한다. 과거의 나도 그랬다.

그런데 사실, 종잣돈이 없기 때문에 재테크를 해야 한다. 만약 모은 돈이 많다면 재테크에 목숨을 걸지 않아도 예금만으로 그

럭저럭 만족할 만한 수익이 날 수 있다. 돈이 별로 없을 때야말로 재테크를 통해 빠르게 돈을 불려야 한다.

돌이켜보니 과거의 나를 가로막고 있었던 것은 '시작에 대한 두려움'이었다. 그래서 요즘 나는 재무 상담을 할 때 이렇게 제안한다.

"투자는 100만 원만 있어도 할 수 있어요."

100만 원으로라도 시작한다면 재테크에 대한 막연한 두려움이 점차 사라질 것이고 실전 투자 경험으로 재테크 지식이 자연스럽게 쌓인다. 적은 돈을 들여 일확천금을 벌 수 있다고 말하려는 것이 아니다. 다만, 100만 원으로 시작의 힘을 키울 수 있다면 그 힘이 당신을 1,000만 원으로 이끌 것이고, 마침내 당신이 꿈꾸는 10억으로 이끌 것이라고 말하고 싶다. 그렇다면, 100만 원으로 할 수 있는 재테크 방법에는 무엇이 있을까?

소액 투자 재테크 방법 ① 주식 투자

첫째, 소액 주식 투자가 있다. 100만 원으로 투자할 수 있는 종목을 찾아보자. 단, 종목은 두세 개로 나누어야 한다. 달걀을 한 바구니에 담지 말라는 격언이 있다. 투자의 경우 투자금을 한 종목에만 넣기보다는 리스크를 줄이기 위해서 여러 종목으로 분산하는 것이 더욱 안정적이다. 100만 원 예산 내에서 두세 개 정도 종목으로 나누어 매수하는 것이다. 물론 투자하는 종목 수가 적으면 실제로 특정 분야에 집중해 더욱 섬세하게 모니터링하고 조사할 수 있다는 장점이 있다. 시간이 지날수록 그 주식 종목에 있어서 더욱 경쟁력이 생길 것이다. 하지만 해당 종목이 심한 타격을 입게 되면 대안 없이 손실이 커질 것이다.

반면, 여러 종목으로 분산하는 경우 다양한 정보를 깊이 있게 공부하는 것이 힘들 수 있다. 분산 투자라는 명목으로 과도한 수의 종목에 투자하면 감당하기 힘들 정도로 관리하기가 힘들어지게 된다. 그러므로 분산 투자를 할 때 너무 많은 종목으로 나누기보다는 100만 원 내에서 두세 종목으로 한정해 매수하기를 권한다. 나 역시 처음 주식 투자를 할 때, 은행에서 근무하고 있었기에 은행 관련 종목에 투자했다. 여행에 관심이 있었기에 여행주와 더 나아가 항공주에도 투자를 했다.

세 종목을 갖고 있다고 해도 모두 자신의 관심 분야이고 정보에 능통하다면 매우 훌륭한 대안이 될 수 있다. 한 종목을 투자한다고 했을 때 분산 투자가 아니라 나쁘다기보다는 그 분야에 대한 정보를 누구보다 빠르게 습득하고 적용할 수 있다면 성공적인 투자가 될 수 있다.

EBS2 〈호모이코노미쿠스 시즌 2〉 촬영 당시, 직장인 멘티가 있었다. 세 개 정도의 주식 종목에 소액으로 투자를 시작했고, 수익률도 꽤 높았다. 금액은 적었지만, 그 과정에서 주식 투자를 직접 경험할 수 있었고, 산업 분야에 대한 지식이 점점 높아졌다. 그중에는 손실이 난 주식도 있지만, 적은 금액이었기에 크게 타격을 입지 않았다. 오히려 손실이 난 원인을 파악하면서 시장 현황을 더욱 정확하게 파악하게 되었다. 더 나아가 주가가 오르고 내리는 원리와 추세선을 볼 수 있게 되었다. 마침내 수익이 창출되기 시작했다. 투자에 있어서는 책 100권을 읽는 것보다 실전을 경험하는 것이 더욱 큰 효과를 낸다. 산업 동향뿐 아니라 기업의 동향까지도 파악할 수 있다.

소액 투자 재테크 방법 ② 스마트스토어

두 번째 소액 투자 재테크 방법으로는 스마트스토어가 있다. 네이버의 오픈마켓인 스마트스토어는 오프라인 매장에 비해 자본금이 거의 들지 않고 고정 투자비가 없기에 소액으로 투자를 시작하려는 이들에게 기회의 장이 되었다.

스마트스토어의 초기 자금은 위탁 판매를 하느냐 사입하느냐에 따라서 달라진다. 위탁 판매란 다른 도매처에서 이미 판매되고 있는 물건을 저렴한 가격으로 공급받고 중개 역할을 하여 소비자에게 판매하는 방식을 말한다. 후배 경민이는 신발을 위탁 판매 방식으로 스마트스토어에서 판매하기 시작했다. 스마트스토어 상세 페이지를 구축하고 물건의 사진, 동영상 등을 올린다. 주문이 들어오면 주문자의 정보를 도매 업체에 전달하고 도매처에서 바로 해당 상품을 배송하는 시스템이다.

이 경우 가장 큰 장점은 상품을 직접 매입할 필요가 없기에 초기 자금이 거의 없고 판매 사이트 구축과 홍보 등에 집중하면 된다는 것이다. 그러나 이런 방식으로 판매를 하는 사람들이 많기에 마진을 높이면 판매가 잘 이루어지지 않는다는 단점이 있다. 결국 심한 경쟁으로 마진율이 하락하기도 한다. 희소 상품이라서 경쟁이 적은 물건이라면 가능할 수도 있으나, 이 물건이 잘 팔린다는 동향 파악이 되는 경우 이내 경쟁자들이 들이닥치고 마진율을 떨어지게 된다.

사입은 물건을 직접 구매하여 재고를 창고에 보관하고 주문이 들어오면 바로 구매자에게 직접 택배를 보내는 판매 방식이다. 사입을 위해 다양한 업체를 방문하고 직접 가격 흥정을 통해서 사입 단가를 낮출 수도 있다. 또한 판매량이 늘어나고 데이터가 쌓이면 가격 할인도 더욱 수월해지면서 마진율이 높아진다. 만약에 슬리퍼를 판매하기로 했다면, 슬리퍼를 만드는 제조 공장에 직접 가서 제품 단가를 낮추고 거래를 하는 것이다. 또는 의류 판매를 한다면 도매 시장에 가서 가격을 낮추어 대량 매수를 하는 것이다.

사입의 장점은 높은 마진율이다. 그러나 대량 구매를 해야 하는 경우가 많기에 한 번에 지출하는 비용이 많고, 위탁 판매보다 초기 자금이 더 필요하다. 판매 후에 투자금을 거두어들이기 때문에 현금이 부족한 경우가 발생할 수 있다. 아니라 재고 관리, 배송, 상세 페이지 작성, 마케팅까지 하다 보면 상당한 시간과 노동력이 투입된다.

소액 투자 재테크 방법 ③ 1인 창업

셋째, 1인 창업이다. 부자가 되는 방법 중 하나가 바로 자신의 사업을 하는 것이다. 지인 중에서 꽃 가게 창업에 관심이 있는 분이 있었다. 돈이 많지 않은 상태였지만, 100만 원 정도의 비용을 과감히 투자해 플로리스트 과정을 수강했다. 수업을 듣고 꽃가게 창업에 대한 세미나도 다녔고, 관련한 도서도 독파했다. 이후, 꽃꽂이 강습을 시작했고 과거에 들었던 강습들에서 얻은 노하우 덕에 그때 썼던 수강료의 몇 배가 수익이 되어 돌아왔다.

그런가 하면 통장에 100만 원밖에 없던 미혼모 분도 계셨다. 이 돈으로 무엇을 할까 하다가 아로마테라피 클래스 수강을 하게 되었다. 재료비까지 만만치 않은 금액이었지만, 최후의 돈을 자신에게 썼다. 수강을 통해서 자격증을 취득하게 되었고, 이후 아로마테라피 강사로 활동하게 되었다. 단순히 여기에서 그치지 않고 블로그를 운영하면서 자체 강의를 개발했다. 이제는 아로마테라피 상품을 주력으로 한 자신의 브랜드를 계획하고 있다.

소액 투자 재테크 방법 ④ 부동산

넷째, 부동산 공부이다. 과거에 나는 돈이 없으면 부동산은 공부조차 할 필요가 없다고 생각해 아무것도 하지 않았다. 결국 시세가 변하는 것도 몰랐고, 부동산에 대한 지식은 턱없이 부족했다. 내가 사는 곳 인근 주변 월세 시세가 얼마인지도 알지 못했다.

만약 내가 그 시절로 돌아간다면, 단돈 100만 원이 있다고 하면 주변 빌라의 월세 시세라도 조사를 하러 다닐 것이다. 월세 수요가 높은 곳은 어디인지 알아보고, 당장 사서 임대를 줄 수는 없더라도 돈을 들고 알아보는 과정에서 부동산 사장님과 이야기를 나누게 되고, 부동산 투자를 향한 첫걸음을 내딛게 될 것이다.

소액 투자 재테크 방법 ⑤ 채권, 달러, 금, 아트테크

이외에도 소액 투자 재테크 방법은 무궁무진하다.

채권 투자의 경우, 채권이라는 단어가 주는 무게감 때문인지

거액의 돈이 있는 사람들만 하는 것이라고 생각하는 분이 많다. 채권은 주식과 비교했을 때 안정적이고 통상적으로 은행 이자보다 금리가 높게 책정된다. 예적금보다는 높은 수익을 원하지만 안정적이고 보수적인 투자 성향을 띄는 분들에게 적합하다. 실제 증권사의 모바일 앱으로 장내 채권 매수를 할 수 있고 거래 단위는 1,000원이다. 삼성증권의 경우 개인 투자자들이 소액으로 채권에 투자할 수 있도록 최소 가입 금액을 1,000원으로 낮추기도 했다. 굳이 지점을 방문하지 않아도 증권사 모바일 앱을 통해서 채권을 매수할 수 있다. 개인의 채권 투자가 소액으로 가능해지면서 금액은 점차 늘어나고 있다.

달러 투자 역시 소액으로 시작할 수 있다. 달러 투자란 달러가 쌀 때 사서 비쌀 때 팔아 얻는 환차익을 통해 수익을 내는 것이다. 그래서 달러 투자 등 외환 투자를 소위 '환테크'라고 한다. 달러 투자의 경우 은행의 통장을 이용한다. 소액으로 달러를 매수하고 매도하여 차익을 내는 것으로 증권사나 각종 은행의 모바일 환전 지갑 등을 통해서 간단하게 할 수 있다. 빠르고 편리하게 환전이 가능하여 거래의 편의성이 높다. 다만, 외환 수수료 등이 발생하기 때문에 환전 수수료도 감안해야 한다. 환전 수수료는 전국 은행 연합회에서 조회 가능하다.

금 투자 역시 과거에는 큰돈이 있어야만 가능하다고 생각했으나 최근에는 소액으로 충분히 투자 가능한 방법으로 일컬어진다. KRX 금시장 증권사를 통한 금 거래 시장에서 주식처럼 거래할 수 있고, 1g 단위로 금을 투자할 수 있다. KB증권, SK증권, 미래에셋증권 등 판매처가 다양하며 온라인 수수료는 0.3% 내외이다. 또한 은행에서 골드 뱅킹으로 금융 투자 상품을 통한 금 투자를 진행할 수 있다. 골드 뱅킹은 우리은행, 국민은행 등 시중은행에서 정보를 파악할 수 있으며, 거래 단위 또한 0.01g으로 소량 구매가 가능하다.

미술품을 공동 구매하고 투자하는 아트테크도 소액으로 가능하다. 아트테크는 돈이 많은 사람들이 하는 것이고 전시할 공간이 있어야 한다는 편견으로 매우 고가의 투자라는 인식이 강하다. 그러나 은행에서 그림을 사고 은행에 보관하고 공동으로 투자하는 형식의 조각 투자도 가능하다. 미술품 공동 구매 열풍은 MZ세대 중심으로 더욱 확산되었고, 이는 투자 목적 외에도 자신의 예술적 성향을 반영할 수 있다는 점에서 주목받고 있다.

100만 원으로 할 수 있는 것은 여러 가지가 있다. 그러나 가장 중요한 것은 '나는 돈이 없으니까, 지금은 아무것도 못 해'라는 생각부터 지워야 한다는 것이다. 당장 큰 수익을 내지는 못하더라도 '살아있는 지식'을 얻을 수 있다. 그리고 무엇보다도 '잃지 않는 투자'를 위한 경험을 쌓을 수 있다. 적은 돈을 다룰 수 있을 때, 큰돈도 다룰 수 있게 된다. 단돈 100만 원으로라도 재테크를 시작하자. 어느 순간 부자의 길에 들어선 당신 자신을 발견할 것이다.

TIP 부자 엄마 한마디

습관 형성과 돈 벌기를 동시에 하는 챌린지 테크도 대세다. '주 5일 독서하기', '주 3일 블로그 글쓰기', '하루 1시간 공부하기' 등 원하는 챌린지를 선택해 원하는 만큼 예치금을 걸고 목표 챌린지 성공 시 예치금과 상금을 받는 시스템으로 이루어진다. 습관 형성에 애를 먹고 있다면 돈과 습관이라는 두 마리 토끼를 잡을 기회를 놓치지 말자. 대표적인 앱으로 '챌린저스'가 있다.

04

환경을 통제하라

"지금보다 안정적이고 경제적으로 자유로운 삶을 원하시나요?"

셀 수 없을 만큼 강연을 했지만, 나는 늘 이 질문으로 강연을 시작한다. 내 질문에 참석한 대부분이 "맞습니다" 혹은 "간절히 원합니다"라는 대답을 한다. 많은 사람이 더 안정적이고 자유로운 삶을 원하지만, 안타깝게도 그저 하루하루 버티는 데 급급하며 밤이면 알 수 없는 불안감에 잠을 설치는 삶에서 벗어나지 못한다. 더 나은 삶을 바라지만 결국 자신 안에 어떠한 힘이 있는지

조차 깨닫지 못한 채 삶의 여정을 끝낸다.

"경제적 안정과 자유로 길로 가는 힘은 바로 여러분 안에 있습니다!"라고 말하자 모두 놀라는 눈빛을 보인다. "그 힘이 제 안에 있다고요?"라고 반문하는 눈빛이다. "맞습니다. 저도 어디서부터 해야 할지 전혀 몰랐어요. 자신이 변하면서 새로운 기회가 보이고 새로운 희망이 보였습니다. 그리고 모든 것이 새롭게 시작되었습니다"라고 나는 단호하게 말한다.

심리학자 섀드 헴스테터에 따르면 인간은 하루에 5만~6만 가지 생각을 떠올린다고 한다. 안타까운 것은 그중 85%가 결코 자신에게 도움이 되지 않는 부정적인 생각이며 어제와 그리 다르지 않은 똑같은 생각을 반복한다고 한다.

습관처럼 한숨을 쉬었고, 두려운 마음과 스트레스가 나를 가득 채웠다. 재테크를 위해 투자하려고 할 때면 '얼른 조사라도 해야 하는데'라는 생각과 함께 쌓여 있는 일들이 떠올랐고 잠깐 해보려고 하면 시작도 하기 전에 '막상 했는데 안 되면 어떡하지?'라는 불안감이 닥쳤다. 결국 '잠깐 누워있다가 하자'라고 합리화하면서 어느새 다음 날 아침이 되어 부랴부랴 출근을 위해 집을 나선다. 비슷한 패턴은 쳇바퀴 돌 듯 계속 반복되었다. 삶은 전혀 변하지 않았고 고민은 늘어갔고 나의 우울은 깊어졌다.

나의 내면을 변화시킨다는 게 결코 쉬운 일이 아니었다. 그러던 어느 날, 문득 이런 생각이 들었다. '작은 것부터라도 나를 둘러싼 환경들을 바꾸기 시작하면 어떨까?'라는 생각이었다. 그리고 내가 당장 통제할 수 있는 소소한 것들부터 바꾸기 시작했다.

1. 지갑 정리

가장 먼저 지갑 속에 구겨져 있던 현금과 쓰지도 않는 수많은 신용카드와 포인트 카드, 쿠폰들을 모두 정리했다. 비상용으로 필요한 카드만 넣었고, 일주일 예산을 생각하고 지갑에 충분한 현금을 넣어 두었다. 때때로 신권으로 바꾸어 넣어둔 날이면 왠지 모르게 하루가 잘 풀릴 것 같은 기분이 들었다. 카드도 신용카드 한 장, 체크카드 한 장 등으로 최대한 간소화시켰다. 불필요한 영수증도 모두 바로 체크하고 폐기했다. 그리고 지갑에 나와의 약속 10가지 리스트를 정리하여 넣어 두었다.

2. 스마트폰 바탕화면 정리

눈을 뜨자마자 켜는 스마트폰 화면을 정리했다. 가장 먼저 보이는 배경 화면은 경제적 자유를 위한 확언 이미지로 설정했다. 아침이면 무의식적으로 열어보면서 시간을 잡아먹는 불필요한 앱은 모두 잘 안 보이게끔 폴더에 넣어 접근하기 귀찮게 만들었고, 삭제가 필요한 앱들은 주기적으로 없앴다. SD카드 등을 통해서 여러 가지 정보를 저장하되 분산되지 않도록 분류했다. 스마트폰을 켰을 때, 내가 가장 먼저 해야 할 일의 순서대로 앱을 배치했다. 쓸데없는 시간 낭비가 줄었고 오전의 생산 효율이 급속도로 좋아졌다.

3. 서류 정리

나는 정리와는 담을 쌓은 사람이었다. 늘 책상에는 수많은 서류가 뿔뿔이 흩어져 있었다. 계약서 관련 서류 한 장을 찾으려고 해도 엄청난 시간이 소요되었다. 찾다 보면 나도 모르게 화가 나서 '내가 뭐 하나 제대로 하는 게 없어'라는 생각이 들고 짜증이 났다. 고지서도 어디에 두었는지 알 수 없어서 번번이 시간이 지연되었고, 통장에 잔고가 있음에도 불구하고 연체 이자까지 내는 일들이 종종 발생했다. 환경을 바꾸기로 마음먹자마자 문구점에 가서 서류 정리함을 샀고, 날을 잡아 모조리 정리했다. 처음에는 시간이 너무나 많이 걸렸지만, 주기적으로 매달 하루를 정해서 하다 보니 점차 수월해졌다. 나는 매월 첫째 주 일요일을 서류 정리하는 날로 정했다. 음악을 들으면서 서류 하나씩 정리하다 보면 불필요하게 새는 돈을 막는 것은 물론이고 복잡했던 내 마음도 같이 정리할 수 있다.

4. 모닝 루틴

아침이면 포스트잇을 꺼내서 하루 목표를 썼다. 힘든 상황을 벗어나기 위해, 평범한 삶에 안주하지 않기 위해서는 자신을 움직일 수 있는 강력한 목표가 필요하다. 그 목표가 반드시 거창할 필요는 없다. 작은 목표라도 내 마음에서 우러나는 목표라면 글로 적기 시작했다. 어느 날 스텝퍼도 샀다. 헬스장 등록은 하지 않아도, 3만 원짜리 스텝퍼를 사서 집에 두니 왠지 하루를 시작하는 에너지가 느껴졌다. 그리고 집을 나설 때 메모장을 지니고 나갔다. 종종 밖에서 오늘의 목표를 쓰다 보니 마음이 환기되는 기분이 들었다. 나중에는 오늘 하루 목표 밑에 반드시 해야 하는 일들의 우선순위도 짤막하게 적었다. 자연스럽게 일의 경중을 판단하게 되었고, 하루의 루틴이 생겼다.

5. 긍정적인 사람들과 교류

“돈이 원수야”, “되는 일이 없다” 등 나보다 더 힘들고 불평을 토로하는 사람들과 이야기를 나누면서 위로를 건넸지만, 마음 한편으로는 ‘아. 나는 덜 힘든 거구나, 그나마 낫다’라는 생각이 들곤 했다. 자주 부정적인 사람들과 어울리고 삶이 힘들다 보니, 누군가 잘되었다는 소리를 들으면 속이 쓰렸나 보다. 이런 일이 반복되자 부정적인 이야기를 나누는 그룹에서 벗어나고 싶었다. 그래서 나에게 힘을 주는 사람들의 리스트를 적어 보았다. 그리고 그 사람들에게 작지만 감사의 선물과 메시지를 보냈다. 그리고 나에게 힘을 빼앗는 사람들의 리스트를 조용히 적었다. 감정적으로 분리하기 시작했다.

6. 외부 환경 변화

내부와 외부의 작은 변화를 통해서 긍정적인 에너지가 생기기 시작했다. 물론 그것만으로는 충분하지 않았다. 신혼 초에는 원룸에서 살았다. 먹자골목에 위치한 원룸이다 보니 환경이 열악했고 거리를 걷다 보면 나도 모르게 '나는 왜 이렇게 초라한가'라는 생각이 들었다. 이사하고 싶다는 생각이 들었었지만, 지출이 늘까 걱정되었다. 그런데 어느 순간, 공간 자체를 바꿔야겠다는 생각이 들었다. 그래서 월세가 더 높아졌지만, 투룸으로 이사했다. 이후, 보증금은 더 내야 했지만 넓은 거실이 있는 공간으로 다시 이사했다. 그리고 마침내 아파트로 옮겼다. 업그레이드해서 집을 옮길 때마다 내가 원하는 것을 이룰 수 있는 능력이 나에게 있다는 자신감이 솟았다.

과거에 멘토링 활동을 할 때, 멘티 중 반지하에 살고 계시던 분이 계셨다. 충분히 이사할 수 있었지만, 지출을 생각하여 그저 참고 버티던 상황이었다. 물론 이사를 하는 비용이 한두 푼이 아니니, 쉽게 결정할 수는 없다. 하지만 나는 당장 나가는 지출보다 더 중요한 것이 내 환경을 바꿀 수 있다는 자신감과 꿈꿀 수 있게 되는 환경이라고 생각한다.

부를 끌어당기고자 한다면, 아무리 사소한 것이라도 오늘 당장 나의 주변 환경을 변화시켜야 한다. 아주 작은 것부터 정리하는 과정에서 머릿속이 정리되면서 목표에 초점을 맞추게 된다. 아주 작은 것부터 변화를 준다면 부를 이룰 수 있다는 자신감이 내면에 자리 잡게 된다.

TIP 부자 엄마 한마디

지갑에 들어있는 나와의 약속 리스트를 공개한다. 이를 참고해 오늘부터 지킬 '나'와의 약속을 만들어 보자.

1. 나는 나 자신의 무한한 부의 가능성을 믿고 나를 사랑한다.
2. 나는 긍정적인 마인드로 부와 풍요를 끌어당긴다.
3. 나는 매일, 매주, 매월 부를 위한 목표와 세부 계획을 세운다.
4. 나는 운동과 식단으로 몸과 마음의 건강을 지킨다.
5. 나는 소중한 사람들의 부와 평안을 위해 기도한다.
6. 나는 저축, 사업, 투자를 통해서 부의 핵심 시스템을 구축한다.
7. 나는 명확한 수입 목표를 세우고 기한을 정하고 이룬다.
8. 나는 오늘 해야 할 일을 내일로 미루지 않는다.
9. 나는 다른 사람의 성장을 돕고 함께 꿈을 이루어 나간다.
10. 나는 나와의 약속을 아침저녁 반복하여 읽고 지킨다.

05

부를 가져다주는 인맥을 만들어라

"영미 있잖아, 작년에 상가 샀다가 공실 나서 망했다던데?"

아침에 출근하고 저녁에 퇴근하는 직장 생활에 회의감이 느껴지던 어느 날, 대학 친구를 만나서 상가 투자할까 한다며 운을 떼었을 때 친구가 했던 말이다. 1초도 지나지 않아 친구는 걱정스러운 눈빛을 지으며 내게 말했다.

"지영아, 상가가 그렇게 쉬울 것 같아? 상가 괜히 잘못하면 공실 나고 본전도 못 찾는대. 너 알지? 영미! 영미도 얼마 전에 상가 사서 망했대. 나도 상가 좋다는 소리 들어서, 한번 해보려고 했는데 그 소식 듣고 그냥 접었다니까."

친구의 말은 그렇지 않아도 확신 없던 나의 기를 꺾은 건 물론이고 사기마저 떨어뜨렸다. 집에 와서 곰곰이 생각해 보았더니 내가 무슨 상가 투자를 할 수 있을까 싶었다. 그런데 다음 날 눈을 뜨고 나니 또 다른 마음이 교차했다. 당시 나의 절박함 때문이었는지, '에이, 그냥 한 번이라도 해보자'라는 생각이 들었다. 몇 개월 후, 경매로 상가를 샀고 이후 나는 월세를 꾸준하게 받았다. 만약 내가 그때 친구의 말에 시작조차 해보지 않고 투자를 접었다면 어떻게 되었을까?

우리는 보통 고민이 있을 때 가까운 지인에게 고민을 털어놓고 조언을 구한다. 물론 지인의 조언은 득이 될 때도 많지만, 반대로 인생에 있어 큰 걸림돌이 될 수도 있다. 그렇기에 내 주변에 어떤 사람이 있는가가 너무나도 중요하다. 새로운 길을 가고자 한다면, 새로운 인맥을 만들어 나가야 한다. 부를 가져다주는 인맥 말이다.

부를 가져다주는 인맥

그렇다면, 부를 가져다주는 인맥이란 어떤 사람들일까? 나는 돈 문제와 관련하여 조언을 구하거나 판단에 도움을 받기 전에 확인하는 몇 가지 기준을 정했다.

첫째, 돈 관리를 직접 해봤고 도전한 사람인가?
둘째, 본인이 하지 않았더라도 투자에 관련 전문가를 소개해 줄 수 있는 사람인가?
셋째, 전문가를 모르더라도 나의 도전에 있어서 긍정적 마인드로 나에게 영감을 주는 사람인가?

위의 세 가지는 정말 중요한 조건이니 마음 깊이 새기자.

상가를 마련하겠다는 결심을 한 이후, 여기저기 정보를 얻을 곳은 없을까 알아보던 중에 운 좋게도 부모님의 친구분 중에서 상가를 직접 구매한 분을 만나게 되었다. 서울에서 몇 번 상가 거래를 하시고 지방의 물건까지도 투자하신 분이었다. 상가와 관련하여 여쭤보았더니, 세금 관련 지식도 알려 주시고 실제 상가 거래를 전문으로 하는 부동산 사장님까지 소개해 주실 수 있다고 하셨다. 해당 부동산으로 나를 데리고 가 주시고 직접 소개해 주시면서 딸처럼 많이 도와 달라고 부탁을 하셨다. 친구에게 상가 이야기를 했을 때와는 사뭇 다른 분위기였다. 부동산 사장님은 다양한 거래 사례와 투자 전후의 시세 차익도 설명해 주셨다. 덕분에 나의 투자 시야가 확 넓어졌다.

투자에 성공하고 부자가 되고 싶다면 투자로 성공을 경험한 사람들의 말에 귀를 기울여야 한다. 종종 주변에서 투자를 단 한 번도 해본 적이 없거나 오히려 실패를 경험한 사람들에게 조언을 구하는 것을 볼 때가 있다. 단 한 번이라도 투자 경험이 없는 사람들은 보통 마음속에 두려움이 가득하다. 이분들에게 조언을 구한다면 "그러다가 큰일 난다"라는 말을 듣기 쉽다. 또는 투자했으나 실패에 그친 사람들과 이야기를 나눈다면 "절대 쉽지 않다"라는 이야기를 듣게 된다.

투자에 있어서 조언을 구하고 싶지만 주변에 성공한 사람이나 좋은 인맥이 없다면 어떻게 해야 할까? 일단은 뜻이 있는 곳에 길이 있다고 본인의 관심사를 알리고 주변을 살펴보는 것이 좋다. 또는 관심 있는 분야의 세미나 등에 참여하면서 인맥을 만드는 것도 하나의 방법이다.

얼마 전 후배 중에서 무인 점포를 하겠다고 말했던 친구가 있다.

"직장 생활하면서 할 수 있는 일이라 도전해 보려고!"

창업에 대해 공부하고, 이것저것 정보를 검색하더니 무인 점포가 본인에게 딱 맞는다고 확신한 것이다. 실제로 상점을 지키고 있지 않아도 되고, 가게 인테리어 같은 초기 비용이 많이 들지 않았다. 무인 아이스크림 점포를 해야겠다고 마음먹은 이후, 후배의 눈에는 희망이 보이기 시작했다.

우리가 일하지 않으면 수입이 없다는 사실이 안겨 주는 막막함에서 탈출하는 엄청난 희망을 보았기 때문이다. "언니! 나 우리 동네에 가게 자리도 다 알아봤어! 우리 아파트 옆에 자리가 있더라고. 거기 괜찮을 것 같아"라면서 들뜬 후배의 모습을 보니, 도전하는 모습이 너무 좋았다.

나는 무인 점포를 운영해 본 적은 없지만, "그래 너 정말 잘 될 거야! 요즘 무인 점포가 대세래!"라고 응원하며 용기와 힘을 주었다. 새로운 도전에 찬물을 끼얹고 싶지는 않았기 때문이다.

그리고 한 달 후 그 후배와 다시 통화를 할 기회가 생겼다. "요즘 어떻게 되고 있어?"라는 질문에 후배는 "언니, 나 그냥 안 하기로 했어. 남편이 그러는데, 그게 무인 점포라고 일이 없는 게 아니고 매장에 상품 관리며 도난 문제며 문제가 많다고 남편 회사 동료가 절대 하지 말라고 했대"라면서 말꼬리를 흐렸다.

"그 후배는 직접 매장을 운영해 봤대? 아니면 너희 남편은 너처럼 조사하고 공부했어?" 후배에게 물었다. 후배는 대답하지 못했다.

나는 공부하지 않은 사람들의 말이나 직접 해보지 않은 사람들의 부정적인 말은 크게 귀 기울이지 말고, 그보다는 직접 해본 사람들의 말에 귀를 기울이라고 진심을 담아 조언했다. 하지만 나의 바람과는 다르게, 후배는 결국 무인 점포를 시작하지 못했다. 단지 이번이 아니라 이후에도 이런 패턴이 반복될 수 있다는 생각이 들었다. 그리고 그녀의 인생에는 후회만 계속 쌓일지 모른다는 생각이 들어서 아쉬운 마음이 들었다.

준비가 덜 되어 있더라도 막상 해본 사람들의 이야기를 들으면 용기가 생긴다. 부를 가져다주는 인맥이란 부에 가속도가 붙는 일을 도전하려 할 때, 경험을 바탕으로 이야기를 해주거나 진심으로 도전을 도와주는 인맥이다. 자, 이제 그런 사람들을 찾아보고 내가 먼저 다가가자.

TIP 부자 엄마 한마디

재테크 관련 조언을 구할 때 멀리해야 할 유형은 다음과 같다.

① 돈 관리를 부모님이나 배우자, 형제 등에게 맡기고 본인은 전혀 관여하지 않는 사람

② 직접 투자를 해본 적이 없고 집을 얻기 위해 부동산을 들려 본 경험이 없는 사람

③ 부정적인 마인드로 가득해 시도조차 하지 않는 사람. 과거 대비 오르면 올랐다고, 떨어지면 떨어졌다고 시도하지 않아서 결국 적정 투자 기회를 놓치는 사람

06

돈 버는 전문 분야를 만들어라

애진 님은 물리 치료사로 병원에서 20년 동안 일을 했다. 어엿한 직장이 있고 20년을 일했는데도 급여는 크게 오르지 않았다. 그러다 어느 날부터 허리와 어깨가 아프기 시작했다. 주중에는 환자들의 물리 치료를 담당하고, 주말이면 한의원에 가서 침을 맞고 치료를 받았다. 그렇게 열심히 살았는데, 통장 잔고는 생각보다 많지 않고 이곳저곳이 아프기만 하다. '물리 치료사가 물리 치료를 받으러 다니다니'라는 생각에 한숨이 나온다.

병원에서 임상 병리사로 일하는 미진 씨는 애진 씨와 비슷하면서도 다르다. 주중에는 애진 씨와 마찬가지로 병원에서 일하지만, 주말이면 투자를 위해 바쁘게 움직인다. 얼마 전 근로 소득을 바탕으로 신용 대출을 받아서 꼬마 상가에 투자해 작은 세탁소를 매수했다. 덕분에 매달 정기적으로 월세가 나오고 있다. 주말에 여행을 갈 때면, 투자 관심을 둔 지역으로 가 여행과 투자 공부를 병행한다. 이러한 과정을 반복하다 보니 정보와 자산이 쌓이게 되었고, 어느 순간 직장이 취미 생활처럼 느껴지기도 했다. 처음에는 대출에 대한 막연한 걱정이 있었지만, 제대로 된 공부 후 상가와 주택 등 자산을 일구게끔 대출을 일으키니 오히려 대출이 든든한 무기가 된 기분이 들었다.

본인의 노동을 투입해서 발생시키는 수익에는 한계가 있다. 나이가 들고 세월이 지나면서 일할 수 있는 시간은 점차 줄어든다. 수익을 높이기 위해서 더 많은 시간을 일에 매여 있는 삶은 우리로 하여금 결국 시간이냐 돈이냐라는 엄청난 딜레마에 빠지게 만든다.

직장에서 안정적인 소득이 들어올 때야말로 가장 철두철미하게 준비할 시기이다. 나만의 다양한 분야에 관심을 가지고 또 다른 수입원을 만들어 안정적인 미래 설계도를 만들자. 사람들은 돈 버는 전문 분야를 만들기 위해서 자격증 혹은 대학원이 필수라고 생각한다. 그러나 내가 생각하는 돈 버는 전문 분야는 직업을 뛰어넘는, 평소 돈 공부를 통해서 자신만의 전문 투자 분야를 만들어야 한다는 것이다. 백지상태에서 돈 버는 전문 분야를 바로 만들기는 쉽지 않다. 무엇부터 해야 할까? 몇 가지를 정리해 보았다.

1. 경제 신문 읽기

첫 번째, 경제 신문 읽기이다. 나 역시 12년 동안 직장 생활을 했다. 직장 생활 외에도 무엇인가 따로 돈을 버는 파이프라인을 만들어야겠다고 생각하고 가장 먼저 시작했던 일은 자투리 시간에 경제 신문을 읽는 일이었다. 그전에는 신문에 전혀 관심이 없었다. 그냥 하루하루 살기에 급급했다. 그런데 막상 신문을 펼치고 읽다 보니, 큰 그림을 볼 수 있었다. 자본주의 시장을 접하는 것이다. 부자가 되기 위해서는 돈을 알아야 했고, 그러기 위해서는 세상이 어떻게 돌아가는지를 알 필요가 있었다. 신문을 읽으면서 매일 부동산, 금리, 주식, 기업 등 테마별 주요 기사를 하나씩 스크랩하고 읽기 시작했다. 1년 정도 신문을 구독하다 보니 전반적으로 자본주의 원리가 보이기 시작했다.

2. 재테크 책 읽기

두 번째, 재테크 책 읽기다. 취업 이후 업무에서 필요했던 엑

셀이나 워드 등 IT 관련 책만 읽었다. 그랬던 내가 나만의 돈 버는 분야를 만들기 위해서 재테크 분야 책을 읽기 시작했다. 재테크 책을 읽을 때, 처음에는 야심을 갖고 투자 대가의 고전과 같은 책을 골라서 읽었다. 그런데 안타깝게도 여러 경제 용어와 복잡한 설명 때문인지 한 장을 넘기기가 힘들었다.

그래서 우선 재테크 실전 사례가 담겨 있는 쉬운 책부터 골라서 읽어 나갔다. 어려운 용어보다는 사례나 도표도 많이 들어있는 책을 골라서 읽었더니 독서가 훨씬 수월해졌다. 책을 읽은 후에는 책의 중요한 부분을 필사하거나 요약 정리하기를 추천한다. 아래는 내가 추천하는 일주일 루틴이다.

부자 엄마 독서 루틴	경제 신문 헤드라인	핵심 내용
월(시간:)	금리	부동산 도서 3줄 필사
화(시간:)	부동산	투자 시장 트렌드 도서 3줄 요약
수(시간:)	주식	주식 도서 3줄 필사
목(시간:)	기업	재테크 마인드 도서 3줄 요약
금(시간:)	금리	사업 도서 3줄 필사
토(시간:)	이번 주에 읽은 책 or 기사 내용 복습, 부자 목표 확립하기	
일(시간:)	재무 버킷리스트 이미지화하며 부자 목표 확립하기, 다음 주 계획 수립하기	

경제 신문 읽기와 독서를 습관화하기 위한 일주일 루틴표

3. 투자 도전하기

세 번째, 주식, 사업, 부동산 등 투자 도전하기이다. 주식 관련 기사를 읽고 주식 책을 독파한 뒤, 증권사에 갔다. 점심은 간단하게 김밥으로 때우고는 뛰어가서 계좌를 개설했다. 계좌 개설로 본격적인 주식 구매가 가능해지자 어떤 종목의 주식을 살지 고민했다. 일단 안정적인 우량주에 투자하고 싶었는데 생각보다 주가가 높아서 많은 수량을 사지는 못했다. 그러다 보니 수익이 만족스럽지 않았다. 결국 저렴한 가격의 주식으로 관심이 옮겨졌고, 나중에는 테마주에도 흥미가 생겼다.

> 테마주
> 증권 시장에 영향을 주는 큰 사건이 발생할 때 관련해 한꺼번에 주가가 변동하는 여러 주식을 일컫는 용어

당시 신종 플루가 유행이었는데, 마스크 관련 주식을 1만 주 이상 사면서 단기 수익을 보았다. 그 수익을 보고 기세등등해졌었는데, 백신이 나오자 내가 산 주식을 비롯해 비슷한 종목들의 주가가 바로 하락하기 시작했고, 마스크 제조사가 많아지자 가격 경쟁이 심해지면서 마스크 관련 주식의 주가는 다시 하락했다. 주식 투자로 수익을 보았지만, 아침에 아이를 어린이집에 데려다주고 허겁지겁 출근하는 데다 점심시간에 잠시 주식 거래창을 확인할 수밖에 없던 직장인인 나에게는 버거운 투자법이었다. 결국 내게 맞는 다른 투자법을 찾기로 했다.

당시 친척 중에서 무역으로 돈을 많이 버는 분이 있었다. 그 분을 보니 나도 인터넷을 통해 돈을 벌어야겠다는 생각이 들었다. 통신판매업 등록 후 G마켓에 상품을 올렸다. 물건은 '도매○' 이라는 웹사이트에서 들여왔다. 몇 개 판매가 되기는 했지만, 생각보다 물건 등록과 검색 등 일련의 준비 과정에서 시간이 많이 소모되었다. 육아와 일을 병행해 시간이 늘 부족했던 내게는 맞지 않았다.

이것저것 적은 돈으로 해볼 수 있는 일을 찾다가 나중에는 부동산에 관심을 가지게 되었다. 물론 금액이 최소 1억 원 이상 필요한 매물들이 다수라 두려운 마음부터 들었다. 어떻게 하나 곰곰이 고민하다 작게 지방에 있는 물건부터 투자를 시작했다. 당시 속초에 7,800만 원에 샀던 24평 아파트가 있다. 아파트 매수를 위해 담보 대출을 6,000만 원 받았다. 이후 보증금 1,500만 원, 월 35만 원의 월세를 두게 되었다. 내 돈은 세금을 다하여도 500만 원조차 들지 않는 투자였고 매월 현금 35만 원이 발생했다. 그렇게 점차 투자 물건의 개수와 금액대를 높여갔다.

나의 경우 주식과 사업은 힘들었지만, 부동산이 잘 맞았다. 각자에게 맞는 돈 버는 전문 분야가 모두에게 다를 수 있다. 하나씩 경험하다 보면 자신에게 적합한 것을 찾게 된다.

4. 멘토를 찾아라

마지막으로, 멘토를 찾으라는 것이다. 나는 독학으로 투자 공부를 했다. 육아와 투자를 병행하려다 보니 누군가와 교류하면서 투자하기가 여간 쉽지 않았다. 시간과 공간의 제약이 있던 내가 활용했던 것은 신문, 책, 인터넷 등이었다. 수많은 정보를 접했지만, 어느 순간이 되자 오히려 정보 과다로 혼란스러워졌다. 이대로는 안 되겠다는 생각이 들었고, 전문가를 찾아다니기 시작했다. 경제 전문가와 상담을 하면서 내 상황에서 어떤 투자부터 차근차근 진행하면 되는지 알 수 있었다. 단 한 시간일지언정 전문가의 확실한 분석을 바탕으로 한 정보로 내가 갈 길을 빠르게 찾을 수 있었다.

전문가를 찾아가야겠다고 생각한 것은 빌 게이츠의 이야기를 책으로 읽고 나서였다. 실제로 빌 게이츠는 본인의 성공 일부가 멘토인 워런 버핏 덕이었다고 말했다. 그는 CBS와의 인터뷰에서 워런 버핏에 대한 존경심을 드러냈다. 그런가 하면 워런 버핏은 벤저민 그레이엄의 책을 읽고 그로부터 배우려 노력하던 단계가 있었다고 한다. 누구나 배우고 성장하는 과정에서는 자신보다 앞서간 사람이 있기 마련이다. 그들에게 배운다면 시행착오와 실패를 줄일 수 있다. 또한 성공에 이르는 시간을 단축시키고 큰 그림 또한 그릴 수 있다.

전문가를 찾기 힘들 때는 책 속에서라도 우선 찾아보자. 나 역시 책 속에서 멘토로 찾기 시작했고, 이후 강의와 세미나를 통해서 또 다른 멘토를 찾기 시작했다. 그렇게 한 걸음씩 더 정확하게 단계를 올라갔다. 자신만의 돈 버는 전문 분야를 만들기 위해서 첫걸음을 내디뎌 보자. 곧 미래에 대한 막연한 불안감이 사라지기 시작할 것이다.

07

현금 흐름을 창출하라

"나가는 돈은 줄지 않고 정말 걱정이에요."

"남편 은퇴가 딱 5년 남았어요. 아이들은 이제 겨우 고등학교 1학년인데요."

고등학생을 자녀를 두신 분이 재무 상담에서 하소연한다. 한숨을 쉬시는 분도 있다. 사교육비와 노후 대책의 불안 속에서 재테크를 시작할 때, 가장 우선적으로 구축해야 할 것이 바로 현금 흐름 창출이다. '현금 흐름'이란 일하지 않아도 자동으로 들어오는 소득이라고 할 수 있다. 이 현금 흐름 창구가 하나가 아닌 여러 개가 있다면, 노후에 대한 걱정은 사라질 것이다. 그렇다면 현금 흐름을 어떻게 만들 수 있을까?

연금도 현금 흐름을 창출하는 자산

첫 번째 방법은 연금 자산이다. 국민연금, 퇴직연금, 개인연금, 연금보험 등 여러 형태의 상품들은 은퇴 후 일정 금액의 현금을 가져다준다. 직장 소득이 발생하는 동안 소득의 일부를 저금하게 되면 연말 정산에서 혜택을 받을 수도 있으니 은행과 같은 금융 기관을 방문하여 다양한 상품을 확인해 보는 것을 권한다. 단, 연금으로 인한 투자의 경우 안정성은 보장하나 인플레이션을 감안했을 때 실질적으로 그다지 매력적이게 느껴지지 않을 수 있다.

매월 현금을 창출하는 부동산

두 번째 방법은 월세를 받을 수 있는 부동산 상품이다. 실제로 주택(아파트)에 대한 주택 담보 대출 규제가 강화되면서 많은 사람이 비주택인 상가나 오피스텔 등으로 관심을 돌리고 있다. 실제로 부동산 투자에 있어서 중요한 요소는 현금 흐름이다. 일반적으로 본인의 집을 마련하면 투자가 마무리되었다고 생각하는 사람들이 많다. 그러나 내 집 마련에 성공한다고 해도 결코 노후에 대한 불안감이 줄어들지는 않는다. 집값이 상승한다고 해도 집을 팔지 않는 이상 그 돈은 나의 것일 수 없다. 무엇보다 내 집을 마련한 이후 담보 대출에 대한 원금 상환액, 이자 등으로 인해서 매달 많은 현금이 빠져나감으로써 노후에 대한 불안감은 여전히 건재하다.

나 또한 그러던 중 오피스텔 투자를 시작했다. 현금 흐름을 위해서 수도권의 소형 오피스텔을 매수하였고 보증금 2,000만 원에 월세 50만 원으로 세입자를 두었다. 월세가 매달 발생해 현금 흐름이 일어났다. 실제로 대출을 80% 정도 받음으로써 나의 원금은 많이 들어가지 않았고, 당시 저금리 정책이었던 터라 인하여 순이익도 많이 남았다. 이어서 상가 투자도 시작했고 현금 흐름은 증가하였다. 단, 비주택인 상가와 오피스텔의 경우 공실의 위험성이 주택보다 훨씬 크다. 그러므로 상가와 오피스텔을 생각한다면, 탄탄한 준비와 공부 후에 투자를 진행해야 한다.

부동산이 두렵다면 리츠

만약 직접적인 부동산 투자로 현금 흐름을 만드는 것이 어렵게 느껴진다면, 부동산투자신탁인 리츠REITs를 활용한 간접 투자도 하나의 방법이 될 수 있다. 리츠는 부동산 간접 투자의 방법으로, 다수의 투자자로부터 자금을 받아 부동산이나 부동산 관련 자본에 투자하고 그 수익을 투자자에게 돌려준다.

	리츠	직접 투자
투자 대상	오피스, 물류 센터, 데이터센터, 호텔	주택, 상가, 오피스텔, 지식 산업 센터
필요 자금	소액 투자 가능	일정 규모의 목돈 필요
매매 시점	원하는 시점 매매 가능	현금화까지 장기간 시간 소요
장점	- 전문가에 의한 자산 운용으로 리스크가 상대적으로 낮음 - 원하는 시점에 현금화 가능 - 소득세, 보유세 등 세금 부담이 적음 - 오피스, 리테일, 물류 시설 등 다양한 부동산 종목에 투자 가능 - 분기별 배당금 지급 가능 - 세입자와의 갈등, 직접 관리 부담이 없음	- 개인 실제 소유 자산으로써 자산을 담보로 은행에서 대출을 받을 수 있음 - 부동산을 담보로 투자하거나 활용을 목표로 할 수 있음 - 부동산을 본인의 사업 매장 등으로 직접 활용할 수 있음 - 개인의 노력에 따라서 임대료 상향 조정 등 개인 역량에 따라서 수익 증가 가능 - 개조나 리모델링으로 가치를 높이는 등의 영향력을 미칠 수 있음
단점	- 고금리 시기에 대출 이자 상승 등으로 수익성 하락 가능성 있음 - 경기 상황 악화 시 공실률 증가 위험성으로 수익성 하락 가능성 있음 - 금리 또는 경기 악화 시 투자 원금 손실 발생 가능성 있음 - 법인의 도산이나 상장 폐지 가능성도 있음 - 자산을 담보로 은행에서 대출을 받을 수 없음	- 양도세 보유세 등 각종 세금 부담 클 수 있음 - 비전문가인 개인 직접 투자로 리스크가 있음 - 매도 시 현금화까지 소요 시간이 오래 걸릴 수 있음 - 일정 규모의 목돈이 필요함 - 투자 금액이 크기 때문에 분산 투자가 어려움 - 세입자 관리 등 부동산을 직접 관리하는 과정에서 어려움 있음

리츠와 부동산 투자를 비교한 표.

안전한 배당주 투자

네 번째는 배당주 투자이다. 주식 투자를 통한 배당금을 현금 창출 수단으로 활용하는 것이다. 기업의 주주환원 정책으로 수익의 일부를 주주에게 배당하는 기업들이 많아지는 추세다. 보통 국내 주식의 배당 방식은 기말 배당, 반기 배당, 분기 배당으로 나누어진다.

> **기말 배당**
> 1년에 한 번 배당하는 주식
>
> **반기 배당**
> 1년에 두 번 배당하는 주식
>
> **분기 배당**
> 1년에 4번, 분기별로 배당하는 주식

국내 주식 중 대표적인 반기 배당 기업으로는 SK이노베이션, 현대자동차, 하나투어 등이 있다. 또한 분기로 배당을 해주는 기업도 있다. 예를 들면, 삼성전자, 포스코 등이다. 언제 기업을 하나하나 검색하고 있냐고 좌절하지 말자. 네이버 증권에서 배당금 높은 주식을 한 번에

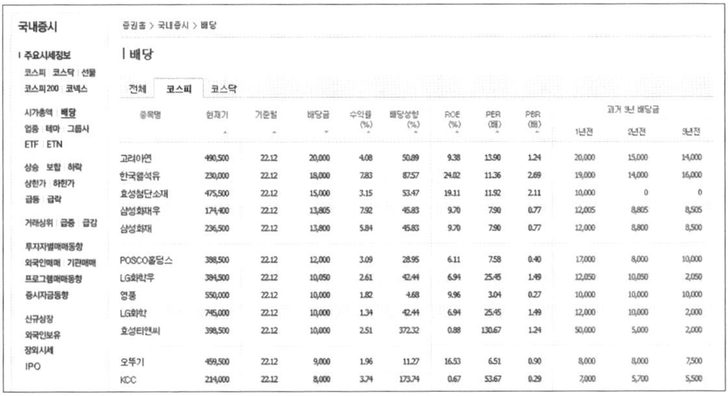

국내증시

ㅣ주요시세정보
코스피 | 코스닥 | 선물
코스피200 | 코넥스

시가총액 | 배당
업종 | 테마 | 그룹사
ETF | ETN

상승 | 보합 | 하락
상한가 | 하한가
급등 | 급락

거래상위 | 급증 | 급감

투자자별매매동향
외국인매매 | 기관매매
프로그램매매동향
증시자금동향

신규상장
외국인보유
장외시세
IPO

증권홈 > 국내증시 > 배당

ㅣ배당

전체 | 코스피 | 코스닥

종목명	현재가	기준월	배당금	수익률 (%)	배당성향 (%)	ROE (%)	PER (배)	PBR (배)	과거 3년 배당금		
									1년전	2년전	3년전
고려아연	490,500	22.12	20,000	4.08	50.89	9.38	13.90	1.24	20,000	15,000	14,000
한국쉘석유	230,000	22.12	18,000	7.83	87.57	24.02	11.36	2.69	19,000	14,000	16,000
효성첨단소재	475,500	22.12	15,000	3.15	53.47	19.11	11.92	2.11	10,000	0	0
삼성화재우	174,400	22.12	13,805	7.92	45.83	9.70	7.90	0.77	12,005	8,805	8,505
삼성화재	236,500	22.12	13,800	5.84	45.83	9.70	7.90	0.77	12,000	8,800	8,500
POSCO홀딩스	388,500	22.12	12,000	3.09	28.95	6.11	7.58	0.40	17,000	8,000	10,000
LG화학우	394,500	22.12	10,050	2.61	42.44	6.94	25.45	1.49	12,050	10,050	2,050
영풍	550,000	22.12	10,000	1.82	4.68	9.96	3.04	0.27	10,000	10,000	10,000
LG화학	745,000	22.12	10,000	1.34	42.44	6.94	25.45	1.49	12,000	10,000	2,000
효성티앤씨	398,500	22.12	10,000	2.51	372.32	0.88	130.67	1.24	50,000	5,000	2,000
오뚜기	459,500	22.12	9,000	1.96	11.27	16.53	6.51	0.90	8,000	8,000	7,500
KCC	214,000	22.12	8,000	3.74	173.74	0.67	53.67	0.29	7,000	5,700	5,500

네이버 증권 > 국내증시 > 배당에서 배당금액이 높은 기업들을 확인할 수 있다.

확인할 수 있다. 배당금을 통한 현금 흐름 창출은 최대한 안전성을 기반해 투자해야 한다.

현금 흐름을 만들어 내는 다양한 투자와 자산을 준비하는 것은 노후 대비의 가장 중요한 요소가 된다.

TIP 부자 엄마 한마디

배당금 자체만 확인하지 말자. 당기순이익 중 배당금의 비율인 '배당성향'과 과거 3년치 배당 및 배당성향을 체크하자. 배당성향이 높을수록 배당금 지급비율이 크다. 3년 전부터 배당성향이 높아지고 있다면 이 기업은 친주주정책을 유지할 확률이 높다.

08

리스크에 대비하라

"가만히 있으면 중간은 간다"라는 말이 있다. 그런데 재테크에서도 과연 통하는 말일까?

예전에 친정어머니가 하남에 작은 아파트를 분양받고 싶어 하셨다. 당시 계약금을 넣을 소액의 목돈이 있었기 때문이다. "여보, 우리 하남에 아파트 하나 분양받을까요? 계약금은 있으니까요"라고 조심스럽게 이야기를 꺼냈다. 그러자 아버지는 버럭 화를 내시면서 "아니, 아파트는 무슨 아파트! 우리가 돈이 어디 있다고!"라고 말씀하셨다.

할아버지께서는 부모님 신혼 초 안양에 아파트를 마련해 주셨고 아파트 가격이 어느 정도 올랐다. 어느 날 아버지는 서울지사로 발령을 받으셨다. 사택도 지원받는 조건이었다. 그러자 아버지는 이 기쁜 소식을 들으시고는 안양 아파트를 팔아 현금화하셨다. 지금 생각해 보면 집값이 내려갈까 노심초사 두려우셨던 것 같다. 결국 아버지가 이후 회사 상사와의 마찰 등의 이유로 퇴사하셨고, 사택에서 나오면서 우리 가족의 전세살이가 시작되었다.

수년간 번번이 기회를 놓친 것 같았지만 본인의 의사를 피력하지 못하셨던 어머니는 아버지 몰래 아파트를 계약하셨다. 계약한 아파트가 완공되었을 때, 계약 당시와 비교해 아파트값은 상당히 올랐고, 전세로 세를 주게 되면서 받은 전세금으로 등기를 치시고 집을 마련하셨다. 그 아파트는 분양 시점에는 어머니에게 엄청난 수익을 안겨 줬다.

만약 현금으로 몇천만 원을 그대로 가지고 있었다면 그 가치는 어떻게 될까? 오히려 인플레이션으로 인해 화폐의 가치는 엄청나게 떨어졌을 것이다. 과거에 1억 원은 큰 금액이었고 내 집 마련까지도 시도해 볼 수 있는 금액이었지만, 2023년 기준 서울 아파트의 평균 전세가가 5억 원 대를 기록하고 있다. 지금은 3인 가족의 빌라 전셋집을 마련하기에도 턱없이 부족한 금액이다.

모든 투자에는 리스크가 따른다. 리스크는 실제로 동전의 양면과도 같다. 만약 제대로 준비하고 리스크를 활용한다면 부의 증가 속도를 몇 배나 높일 수 있다. 반면 제대로 준비 없이 리스크를 활용된다면 리스크는 부메랑이 되어서 엄청난 손실을 안겨줄지도 모른다.

정미 씨는 코로나19로 남편이 갑작스럽게 실직해 막막한 상황에 빠졌었다. 두 아이는 이제 막 세 살, 다섯 살인데 어떻게 할지 앞이 깜깜했다. 남편의 퇴사와 함께 받은 퇴직금 5,000만 원이 수중의 전부였는데, 그 돈으로 어딘가 투자를 해야 할지 아니면 은행에 넣어 두어야 할지 머릿속이 매우 복잡해졌다. 만약 은행에 넣어 두었다면 어떻게 되었을까? 매달 생활비가 빠져나가면서 통장 잔고는 자연스럽게 줄어들었을 것이다. 원금 불리기가 아닌 '원금 지키기'가 목표가 되었을 것이다.

상담 후, 정미 씨는 예금이 아닌 투자를 결심했고 재테크 방법들을 공부하기 시작했다. 재테크와 관련된 강의를 듣고 전문적인 조언과 상담을 통해 본인의 금액에 맞는 부동산 투자처를 발견하게 되었다. 곧 300% 이상의 수익을 냈다.

투자 매물은 경기도 시흥에 있는 A 아파트의 소형 평수였다. 당시 매매 시세는 1억 5,900만 원이었고 전세 1억 4,000만 원에 세입자가 있는 물건이었다. 전세가와 매매가의 차액인 1,900만 원으로 실투자할 수 있었다. 8개월 후 전세가는 2억, 매매가는 2억

5천만 원으로 형성되었다. 6개월 만에 차익이 9,000만 원 정도로 높은 수익률을 기록했다.

해당 물건을 저렴하게 투자할 수 있었던 이유는 당시 매수 지역의 저평가로 최저가 매수 타이밍을 잡을 수 있었기 때문이었다. 정미 씨가 구매한 A 아파트는 인근에는 안산 신길 일반 산업단지가 위치하여 전세 및 월세 수요가 매우 높아서 임대가 높게 맞춰질 수 있었다. 이뿐만 아니라 2025년 시흥 경전철과 KTX의 개통 예정으로 교통 호재가 있었고 수요와 공급 부분에서 공급 부족 현상이 예상되었다. 투자는 무조건 성공을 보장하지 않지만, 투자할 매물에 관한 공부를 바탕으로 투자했고, 이는 정미 씨를 성공으로 이끌었다.

리스크의 어원은 '위험을 무릅쓰다'를 뜻하는 이탈리아어 'risicare'에서 유래되었다고 한다. 위험을 무릅쓰고 용기 내어 도전하지 않는다면 아무 결과도 얻지 못한 채 지금의 현실에 머무를 수밖에 없다. 실패가 두려워서 시도조차 하지 않는다면 결코 부를 빠르게 이루는 행운은 일어나지 않는다. 여기서 필요한 것은 리스크에 대한 철저한 준비와 제대로 된 돈 공부다.

준비한 투자, 준비하지 않은 투자

혜진 씨는 경기도 하남시 미사 쪽에 신규 분양 상가를 몇 년 전 매수했다. 현금 흐름을 만들고 싶은 욕심에 분양 상가 관계자의 설명을 듣고는 덜컥 당일에 계약을 진행해 버린 것이다. 5억짜리 상가 금액의 80%, 즉 4억 원 상당의 금액을 대출로 받았고 매수한 상가가 공실이 나면서 매달 이자와 관리금 등 150만 원 이상의 고정 지출이 발생했다. 상가 투자 때문에 남편과 불화가 생겼고 상가를 다시 팔기 위해 여러 부동산에 내놓았지만 팔리지 않았다.

높은 수익을 내고자 한다면 용기도 필요하지만, 투자에 관한 철저한 공부가 반드시 선행되어야 한다. 빠르게 부자가 되고자 한다면 부동산, 펀드, 사업 등 다양한 투자 방식에 대하여 배워야 한다. 투자 없이 현금을 그대로 가지고만 있다면, 인플레이션으로 인하여 그 화폐의 가치는 자연스럽게 하락하기 때문이다.

지인 중 공실로 저렴하게 나온 5층 상가를 매수하신 분이 있다. 동네 사람들은 "5층이고 비어 있는 상가를 사다니, 정말 뭘 모르나 봐"라는 말을 했다. 그런데 이후, 지인은 상가에 태권도장을 열었다. 주변 피아노 학원과 미술 학원들과 연계해 차량을 공동으로 운영하면서 학생 모집의 반경을 넓혔고, 마케팅에 집중하면서 태권도, 음악, 줄넘기 등 과목도 다양화해 곧 수십 명의 원생이 모이게 했다. 그렇게 상가에 원생이 모이고 자리를 잡자 지인은 권리금을 받고 상가를 되팔았다. 매수 가격 대비 엄청난 이익을 얻었다. '공실로 된 상가'라는 분명한 리스크를 안고 있었지만, 이에 대한 관리 전략이 있었기에 가능한 일이었다.

나도 물론 '종잣돈 없이는 뭐 하나 쉽지 않은 세상이다. 불공평하다'라는 생각을 했다. 종잣돈이 없으니 그나마 있는 원금이라도 꼭 지켜야 할 것 같았다. 그래서 예적금 외에는 생각도 하지 못했다. 그러나 리스크의 원리를 깨닫고 생각이 바뀌었다. 세상에는 돈을 버는 방법이 너무나 많고, 돈이 적어도 투자할 수 있는 것이 많다. 마인드를 바꾸자 내가 해볼 만한 투자들이 보였다. 기억하자. 리스크를 전혀 마주하지 않으려는 태도야말로 가장 거대한 리스크다.

TIP 부자 엄마 한마디

부동산 투자에 있어서 리스크란 동전의 양면과도 같다. 리스크를 잘 관리하면 더욱 큰 수익률을 거둘 수 있다. 그러나 리스크를 잘 관리하지 못한다면 크나큰 손실로 이어질 수 있다. 투자 시 발생할 수 있는 외부적인 요인(경기 변동, 정책 변화, 금리 인상 등)에 인한 리스크와 거래 물건 자체에 관련된 내부적인 요인(입지 분석, 임대 관리, 세금)에 의한 리스크 등을 꼼꼼하게 점검해야 한다. 최악의 상황에도 감당할 수 있다고 판단될 때 투자를 실행해야 한다.

09

돈이 일하게 하라

고등학교 동창들이 모인 어느 날이었다. 아이 성적이나 학원 이야기를 한참 나누다가 목동에 사는 한 친구가 아무렇지도 않은 표정으로 말했다. “나는 한 달에 학원이랑 과외비로만 300만 원이 나간다니까”라고 말이다.

통계청에 따르면 2022년 기준 우리나라 중학생의 1인당 월평균 사교육비는 약 44만 원을 기록했다. 이를 연간으로 환산하면 약 526만 원의 사교육비를 매년 지출하고 있다. 교육에 지출하는 총금액도 매년 증가해 왔다. 2022년 기준 우리나라의 사교육비 총액은 약 26조 원에 이르면서 노인 빈곤의 주요 원인으로 제기되었다. 과도한 사교육비 지출로 부모들은 경제적으로 부담을 느끼게 되고 노후 준비조차 할 수 없는 현황이다. 결국 한국은 OECD 국가 가운데 노인 빈곤율 1위를 기록하게 되었다.

"나 정수기 판매업 시작했어. 너네 혹시 공기 청정기 필요하지 않니?"라면서 오랜만에 카톡을 보낸 동창이 이야기한다. "아이 학원비라도 벌어야지"라면서 말끝을 흐린다. 우리나라의 학부모들은 여전히 노후 준비보다는 아이 사교육에 집중한다. 좋은 시험 점수를 받아 명문대에 들어가면 결국 아이가 잘살게 될 거라는 기대를 하고, 있는 힘껏 사교육에 투자한다. 그리고 결국 아이들이 대학을 졸업할 때면 부모에게는 빚만 남는다. 나이가 들수록 필요한 의료비는 많아지고, 결국 노후 준비는 요원해진다. 현실을 분명하게 알고 있음에도 불구하고, 자녀에게 경제 교육은 이루어지지 않고 있다.

사교육보다 경제교육

전 세계의 부를 차지하고 있는 유대인들의 경우, 성년식에 축하금을 전달하고 이 돈을 독립할 때까지 투자를 통해서 목돈으로 불리게끔 가르친다. 성인식에 받은 돈을 활용하여 독립 자금도 준비한다. 이렇게 잘 알려진 것이 바로 '유대인 3분법'이다.

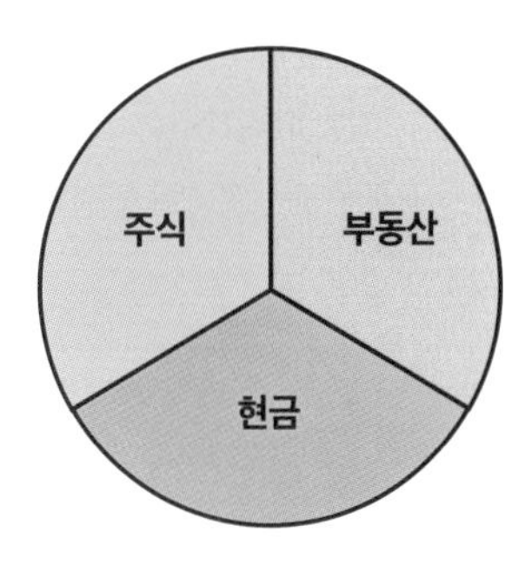

유대인 3분법. 분산 투자를 통해 장기 투자 시의 안정성을 높인다.

유대인들은 장기 투자하는 경우, 보통 부동산과 주식 그리고 현금으로 나누어 각각 30% 내외로 분산 투자를 한다고 알려져 있다. 아이들이 성년식에 받은 돈을 주식이나 펀드에 투자하도록 하고 나중에는 자본이 스스로 일하도록 해야 한다는 것을 가르친다. 돈에 대한 사고방식이나 습관은 부모들로부터 아이들에게 그대로 이어진다. 그러므로 부모인 내가 돈이 스스로 일하게 하는 사고방식과 습관을 갖고 있어야 내 아이 또한 그 방법을 익히게 되고 더 나은 삶을 살아갈 수 있게 된다.

돈이 스스로 일하게 하는 방법

돈이 스스로 일하게 하는 주요 방법으로 주식, 부동산, 사업 등이 있다. 종잣돈을 어느 정도 모은 이후에는 돈이 스스로 일하게 세팅해야 한다. 그렇다면 돈을 일하게 하는 것은 언제가 가장 적기일까? 가장 좋은 타이밍은 바로 '지금'이다. 빠르면 빠를수록 좋으며 돈을 일하게 하기 위한 투자는 장기적인 관점에서 공부를 우선으로 시작되어야 한다.

돈이 일하게 하는 것을 어렵게 생각하시는 분들이 많다. 그러나 돈을 일하게 하는 방법이 학술적이거나 어려울 필요는 없다. 주식의 경우, 자신이 관심 있는 종목을 관찰하고 추세를 살펴보는 것부터 시작한다. 부동산이라면 내 집 마련을 위한 공부부터 시작하면 된다. 만약 사업이라면, 집에서 작게 할 수 있는 1인 창업에는 무엇이 있는지 검토부터 시작해 보는 것이다.

돈을 일하게 하는 것은 평생에 걸쳐서 지속해야 하므로 단기에 승부를 걸겠다는 마음가짐은 금물이다. 주변을 보면 몇 개월에 몇억을 벌 수 있다는 등의 유혹적인 문구에 속아 주식리딩방에 잘못 가입하여 크나큰 손실을 본 사람들도 많다. 그런가 하면 코인으로 몇억의 빚을 지는 분들도 있다. 단기간 고수익을 얻고자 하는 마음 대신 꾸준하게 평생 나의 돈을 일하게 만들겠다는 마음가짐으로 접근해야 한다. 돈을 일하게 할 때, 몇 가지 원칙도 필요하다.

나의 경우 돈을 일하게 하는 데 있어서 고수하는 세 가지 원칙이 있다.

1. 내가 온전하게 통제권을 가진 것이어야 한다.

2. 충분한 공부를 바탕으로 한다.

3. 장기적인 관점으로 안정성을 중시한다.

온전히 통제권을 가져라

첫 번째 원칙인 내가 온전하게 통제권을 가져야 한다고 느꼈을 때는 투자를 공부하기 시작했을 즈음이다. 부동산 투자의 경우, 목돈이 들기 때문에 공동으로 투자를 해보는 것이 어떻겠냐는 유혹을 자주 받게 된다.

내가 공부를 하던 초기에, 실제로 금액이 큰 물건에 다섯 명이 공동으로 투자한 물건이 있었다. 이후, 물건의 가격이 오르자 두 명은 팔자고 하고 세 명은 더 오를 것 같으니 지켜보자고 했다. 서로 의견이 맞지 않자 결정이 늦어졌고 자연스럽게 최적의 매도 타이밍을 놓쳤다. 나중에는 세금 문제로 더욱 큰 분쟁이 발생했다. 물건에 대한 세금을 내야 했는데, 한 명은 세금을 내지 않고 또 다른 한 명은 늦게 내는 등의 이슈들이었다.

후배 중에는 믿고 있던 언니가 자신이 대신 돈을 굴려 주겠다면서 맡기라고 해서 처음에 3,000만 원을 맡긴 친구가 있다. 놀랍게도 그 언니는 정말로 1년 후 후배에게 5,000만 원을 되돌려 주었다. 그때부터 후배는 돈까지 빌려 가며 언니가 무슨 프로젝트에 투자한다고 하면 모든 리스크를 안고 참여했다. 결국 후배는 3년째 1억 원을 못 받고 있다. 그 언니는 규제 때문에 지금 팔 수 없는 거라면서 후배의 불안을 잠재우려 했지만, 후배의 투자금 1억 원 중 반은 신용 대출로 끌어온 데다 매달 나가는 대출 이자를 보면 한숨만 나올 뿐이다.

투자에 대한 통제권은 내가 온전하게 갖고 있으며, 지분도 내가 100% 가진 채 투자하는 것은 나의 첫 번째 투자 원칙이다.

충분히 공부해라

두 번째 원칙은 충분한 공부를 바탕으로 하는 것이다. 과거에 나 역시, 투자할 때 분양권에 대한 철저한 조사 없이 '이곳이 뜰 것이다'라는 말에 마음이 급해지면서 투자했고 후에 마이너스 프리미엄이 붙으면서 고생을 했던 때가 있었다. 투자에 있어서 손실이 발생하는 순간 원금 회복이 어렵다. 결국 타격을 입은 물건 대부분은 눈물을 머금고 처분하게 되니 조심하자. 그렇다고 철저히 공부한다고 해서 무조건 성공한다는 보장은 없다. 하지만 실패의 확률을 최대한 낮추고, 성공의 확률을 최대한 높이기 위한 최고의 방법은 바로 '공부'이다.

마이너스 프리미엄
입주 후 분양가 밑으로 시세가 떨어져 집주인이 손해를 보고 파는 상황

장기적인 관점에서 판단하라

마지막 세 번째 원칙은 단기적인 관점이 아닌 장기적인 관점으로 투자하는 것이다. 부동산 침체기로 예를 들자면 이 시기에 부동산 투자를 하면 한두 달 사이에 가격이 조금 더 내려가거나 주춤한 현상도 있을 수 있다. 그렇다고 일희일비하여 바로 매도한다거나 투자 자체에 대한 불안을 품으면 장기적인 관점으로 시장을 보지 못하는 것이며, 이 경우 단기 매매에 따른 비용 발생 등으로 인하여 오히려 손해가 날 수도 있다. 투자를 장기적인 관점으로 진행했다면 매도하는 타이밍까지 본인이 처음 투자 시 고려한 물건의 가치, 호재 등을 고려하여 시장을 관찰하며 판단을 내려야 한다.

장기적인 관점에서 투자를 진행할 때는 장기적인 관점에서 자금 계획을 세워야 한다. 매매 자금 조달 방법, 매도 지연으로 인한 투자 기간의 장기화 가능성 등도 염두에 두고 넉넉하게 자금 계획을 세워야 안정적인 수익을 지켜나갈 수 있다.

간혹 투자에 있어서 수익성이 눈에 띄게 높은 물건이라는 이유로 성급히 자금을 투입하고 후회하는 사람들이 많다. 투자에 있어서 수익성과 안정성 중에서 무엇을 더 우선순위로 여겨야 할지 묻는다면, 나의 경우 안정성을 더 중요하게 생각한다. 상가 투자를 할 때 월세가 매우 높게 책정되어 있었으나 경기 침체나 상권 변동에 따라서 공실 리스크가 발생할 가능성이 커 보이는 곳이 있었다. 이 경우 나는 임대료가 조금 낮아서 수익률이 상대적으로 떨어지더라도 꾸준하게 공실 없이 안정적으로 유지될 업종과 위치 위주로 투자한다.

10

작은 습관의
힘을 믿고 반복하라

월말이면 어느새 비어버린 통장 잔고를 보면서 한숨짓던 때가 많았다. 악착같이 회사를 나가고 저축도 투자도 열심히 해보려 했지만 결국 남는 돈이 없었다.

"투자요? 여유 자금이 없어서 투자는 생각도 못 해요."

과거에 내가 종종 하던 말이다. 남는 돈이 없으니 투자를 못 하고, 투자를 못 하니 또 돈이 없는 그야말로 악순환이었다. 막막함뿐이었다. 요즘도 이렇게 말하는 수많은 사람을 마주할 때마다 마치 과거의 나를 보는 것만 같다.

과연 월말에 돈이 남는 때가 얼마나 있을까? 주변을 보면 성실하게 일하고 크게 과소비를 하는 것도 아닌데 노후에 돈 문제로 고민하는 사람들이 많다. 평균 수명이 늘어 100세 시대가 되었는데 노인 빈곤율은 무서운 속도로 높아지고 있다. 이를 어떻게 해결해야 할까? 은퇴 한 달 전 갑자기 시작하는 재테크가 아니라 평소에 돈을 불리는 플랜이 착실하게 마련되어 있어야 한다. 성공적으로 노후 자금을 마련하기 위해서는 쓰고 남는 돈으로 투자를 하는 것이 아니라 애초에 투자금을 미리 떼어 두어야 한다. 꾸준한 습관과 공부를 통해서 잠자는 동안에도 돈이 들어오는 방법을 찾아내야 한다. 그렇다면 어떻게 해야 경제 독립을 이룰 수 있을까?

돈 공부 습관을 만들자

아침에 일어나면 가장 먼저 모닝 플랜을 쓴다. 일주일 계획표를 이용해 주 단위 예산을 기록하고 그 안에 맞게 하루의 예산을 관리한다. 마치 다이어트를 할 때 매일 몸무게를 기록하고 식단을 기록해야 효과가 나듯이 돈에 대해서도 매일 체크해야 한다. 돈에 대한 기록과 관리를 자연스러운 습관으로 만들어야 한다.

방송에서 멘토링을 할 때, 멘티 중에 본인이 크게 돈을 쓰는 것도 없는데 다 없어진다고 하시던 분이 있었다. 결국 월급으로 생활비를 감당할 수 없어 조금씩 빌리게 된 돈이 2,000만 원을 넘었다. 엎친 데 덮친 격으로 거주하는 임대 아파트의 만기가 다가오고 있었다. 그분의 하루를 PD님이 동행했다. 아침부터 늦잠으로 부랴부랴 뛰어서 지각을 면하기 위해 택시를 탄다. 점심 식사와 식사 후 동료와의 커피는 언제나 고정 지출이다. 저녁이면 퇴근길에 디저트를 사고 옷가게에 들러 할인 중인 티셔츠를 몇 장 사서 집에 온다. 옷장에는 아직 가격표도 제거되지 않은 비슷비슷한 무채색의 옷이 꽉 차 있었다.

팀에서 한 분이 절약과 저축을 짠순이처럼 너무나 잘 해내는 모습을 보면서 누가 뭐라고 하지도 않았지만 이미 스스로 "저는 도저히 안 될 것 같아요. 1,000만 원 모으기 지금 그냥 포기할래

TIP 부자 엄마 한마디

가계부를 매일 수기로 기록하기가 번거롭다면, 가계부 앱을 활용하자. 요즘 최신 가계부 앱을 카드와 계좌를 연동해 카드값, 은행 이체 내역 등 나의 소비 내역이 자동으로 가계부에 연계되는 경우가 많다. 터치 몇 번으로 월별, 일별 소비 내역을 알 수 있으니 편하게 취향에 맞는 앱을 선택하자.

요. 늘 이 모양이에요"라면서 비관적인 말을 주저 없이 내뱉었다. 그녀의 작은 습관과 사고방식은 철저하게 그녀를 경제적 자유로부터 막고 있었다. 작은 습관들을 바꾼 후, 그녀는 소비를 통제할 수 있었고, 부수입도 창출하여 월 190만 원의 수입에도 불구하고 6개월에 1,000만 원 모으기에 성공했다.

나폴레온 힐은 《생각하라! 그러면 부자가 되리라》라는 책에서 가장 위대한 자연법칙이 습관의 힘이라고 했다. 부자가 되고 싶다는 부자들의 작은 습관들을 반복해야 하고 부자들의 사고방식을 따라야 한다.

돈 공부는 가족과 함께

남편이 그렇게 빚을 많이 지고 있는지 몰랐다면서 울면서 상담을 오신 분이 계셨다. 예전보다는 많이 없어졌지만, 여전히 우리나라는 돈 관련 이야기를 하는 것을 금기시하는 경향이 있다. "돈돈돈, 그만 좀 얘기해!"라면서 서로 돈과 관련된 이야기를 회피한다. "돈만 있으면 행복하냐!"라면서 비아냥거리거나, 간혹 아내가 재테크 공부라도 하려고 하면 "돈독이 오른 것 같다"라면서 비난하는 남편들도 많이 본다. 참으로 안타까운 일이다. 돈 이야기를 전혀 하지 않다가 어느 순간 정말 위기의 순간에 속사정을 알게 된다면, 그것이야말로 정말 불행한 일이다.

친구 미희는 시댁이 굉장히 부유하여 부산에서 가장 좋은 아파트에 신혼집을 마련했다. 시아버지의 사업에 남편도 동참하면서 아무 걱정이 없었다. 그러던 어느 날, 사업에 문제가 생겼고 이후 남편 월급이 밀리는 달이 생기기 시작했다. '그래도 별일이야 있겠어'라고 생각하며 애써 불안을 잠재웠다. 간혹 시댁 어르신들과의 식사나 가족 모임이 있었지만, 그 누구도 돈 이야기는 하지 않는 분위기였다. 그러던 어느 날, 집이 경매에 들어가게 되었다는 소식을 들었다. 시아버지의 사업이 부도났고, 남편과 이야기를 나누는 과정에서 남편이 이미 캐피탈에서 3억 원을 대출받았음을 알게 되었다. 청천벽력 같은 소식에 망연자실한 미희는 그저 눈물만 흘렸다. 돈 이야기를 나누는 것을 불편하게 생각하는 한국의 문화는 작은 문제들을 크게 키우고, 심지어는 어느 순간 손쓸 수 없는 상태로까지 몰고 간다.

내가 하나은행 외국 법인부에서 근무하던 시절, 유대인 직장 동료가 있었다. 그는 성인이 된 후 부모님의 도움을 일절 받지 않았지만, 자신의 재무 관리를 잘 해내고 있었다. 그를 보면서 한국과 다른 가족 분위기가 신기했다. 외국에서는 성년이 되면 경제적으로도 독립을 하고 스스로 벌어서 생계를 유지할 수 있도록 어릴 때부터 교육시킨다. 돈에 대한 교육을 전혀 받지 못한채 성인이 된 나와는 차원이 달랐다. 우리나라는 집에서 돈 이야기를 하지 않기 때문에 아이들은 돈에 대한 교육을 전혀 받지 못한다. 안타깝게도 돈 이야기가 나오는 때는(나의 경험을 비추어 보면) 집안 상황이 최악일 때, 부모님의 심한 싸움을 통해서 들은 정보로 조금씩 알게 된다.

구체적인 계획을 세우기보다 막연히 '돈 걱정 없이 살 수 있겠지'라는 생각으로 결혼 생활을 시작한다. 그리고는 돈 이야기는 묻지도 않고 외면하기 시작한다. 엄마가 되고 나면 육아의 버거움으로 경황이 더욱 없어지면서 돈 문제는 어느새 삶의 저 뒤편으로 밀려난다.

재무 상담을 하기 전 나는 내담자분들께 '우리 집 자산과 부채 현황표'를 적어서 보내달라고 당부하는데, 아무 항목도 없이 그냥 '수입 150만 원'이라고 적으신 분이 많으셔서 처음에는 너무 놀랐다. 그런데 이후 곧 익숙해졌다. 생활비 외에는 집의 경제가 어떻게 굴러가는지 전혀 알지 못해서 남편에게 받는 생활비만 적으시는 분이 태반이다.

안타까운 일이다. 우리는 자본주의 시대에 살고 있다. 자본주의 시대에 돈 문제를 외면한 채로 산다면 가족의 행복이 과연 지켜질까? 돈이 있다고 무조건 행복한 것은 아니지만, 가장 기본적인 돈 문제가 해결되지 않는다면 일상의 행복을 지키기 힘들다.

TIP 부자 엄마 한마디

나의 현 상황을 모르는 채로 재테크를 하는 것은 어불성설이다. 우리 집 자산과 부채 현황표를 찾아보지 않아도 줄줄 외우고 있어야 한다. 우리 집 자산의 흐름을 꿰뚫고 있어야 한다는 말이다. 집을 샀다면 얼마에 샀고, 얼마의 대출을 받았고 대출상환금과 이자는 어떻게 내고 있는지, 이외의 소비 패턴은 어떻게 이루어지고 재테크는 어떻게 이루어지고 있는지 면밀히 살피고 기억하자.

<table>
<tr><th></th><th colspan="2">구분</th><th>본인</th><th>배우자</th><th>계</th></tr>
<tr><td rowspan="9">자산</td><td rowspan="4">금융자산</td><td>예비 자금</td><td></td><td></td><td></td></tr>
<tr><td>투자 자금(펀드, 채권)</td><td></td><td></td><td></td></tr>
<tr><td>투자 자금(주식)</td><td></td><td></td><td></td></tr>
<tr><td colspan="3">금융 자산 총계</td><td></td></tr>
<tr><td rowspan="3">부동산</td><td>실거주 목적 부동산</td><td></td><td></td><td></td></tr>
<tr><td>투자 목적 부동산</td><td></td><td></td><td></td></tr>
<tr><td colspan="3">부동산 총계</td><td></td></tr>
<tr><td rowspan="2">기타</td><td>기타 자산</td><td></td><td></td><td></td></tr>
<tr><td colspan="3">기타 자산 총계</td><td></td></tr>
<tr><td colspan="5">자산 총계</td><td></td></tr>
<tr><td rowspan="4">부채</td><td rowspan="4">부채</td><td>주택 담보 대출</td><td></td><td></td><td></td></tr>
<tr><td>신용 대출</td><td></td><td></td><td></td></tr>
<tr><td>기타 부채</td><td></td><td></td><td></td></tr>
<tr><td colspan="3">부채 총계</td><td></td></tr>
<tr><td colspan="5">순자산 총계(=자산 총계-부채 총계)</td><td></td></tr>
</table>

당장 돈 공부를 시작하자

투자하려고 마음먹은 사람들을 주저하게 만드는 요소는 여러 가지가 있다. 그중 '자기 의심'과 '좌절감'을 이야기하고 싶다. '마치 등산을 시작하기 전 저 높은 산의 정상을 보면서 '언제 올라가지?', '정말 올라갈 수 있을까?'라고 생각하듯이, 막막하게 느껴지는 것이 돈 공부라는 것을 나는 잘 알고 있다. 본인이 어느 정도 산 중간까지라도 올라가면 '지금까지 어떻게 여기까지 왔는데, 참고 올라가자'라면서 중간에 산 중간에서 파는 아이스크림이라도 사서 먹고 올라가지만, 그마저도 가지 못 갔을 때는 당장이라도 포기하고 싶어진다. 사실 나는 등산은 영 젬병이다. 어머니는 등산이 몸에 좋다고 함께 가자고 하시지만, 나에게는 정상이 너무나 높아만 보인다. 올라가면 시원한 바람과 아름다운 정경이 펼쳐지겠지만 거기까지 가기에는 '시작'이 너무 어렵다.

어느 날 마음을 바꿨다. 꼭 정상까지 완등하지 않아도 되니 그냥 한 걸음 앞만 보고 갈 수 있는 만큼만 가기로 했다. 그랬더니 어느새 중간까지 와있었다. 중간에 도착해서는 아이스크림을 먹고 나니, '이제 아이스크림도 먹었으니 내려갈까?'라는 생각이 들었다. 그래도 그냥 한 번만 꾹 참고 그냥 꼭대기를 생각하지 않고 다시 한 걸음 앞만 보고 가기 시작했다. 그렇게 가다 보니 정상까지 어렵지 않게 도착했다. 지난 10년간 꾸준히 돈 공부를 해온 나에게는 돈 공부가 그다지 어렵지 않게 느껴지지만, 어쩌면 지금까지 적은 이 모든 글이 누군가에게는 너무나 버겁게 느껴질 수 있다. 마치 산꼭대기를 가야 하는데 이제 막 첫걸음을 시작해야 하는 내 마음과 같지 않을까? 그렇다면 중간에 아이스크림과 같은 보상을 마련해 두고, 그냥 앞만 보고 한번 시작해 보자.

시작하기에 가장 적합할 때는 언제일까? 바로 지금이다! 부자나 경제 독립이라는 말이 너무 거창하게 느껴진다면 어제보다 나은 오늘을 목표로 한 걸음 나아가자. 오늘보다 나은 내일을 위해서 한 걸음만 더 나아가 보자. 지금이 우리의 인생에서 가장 좋은 시점이며 실행을 미루는 우리로 하여금 더욱 긍정적인 마음으로 도전하도록 만든다. 그렇게 당신은 지금부터 시작하는 재테크로 잠자는 동안에도 돈이 들어올 수 있는 시스템을 구축할 수 있게 될 것이다!

엄마의 10억 로드맵

추천 도서 100권

필자가 자산을 키우는 과정에서 도움받은 수많은 재테크 도서 중 '엄마의 10억 로드맵 10단계'와 부합하는 도서들을 추렸다. 부자가 되고 싶은 엄마들에게 도움이 되길 바라며, 반드시 자신만의 《000의 10억 도서 3권》을 정해서 반복적으로 읽기를 권한다.

1단계 현실을 이겨내야만 하는 진짜 이유를 찾아라

- **《김미경의 마흔 수업》** (김미경 저, 어웨이크북스)
- **《토니 로빈스 거인의 생각법》** (토니 로빈스 저, 도희진 역, 알에이치코리아)
- **《돈의 신에게 배우는 머니 시크릿》** (김새해 저, 비즈니스북스)
- **《아들아 돈 공부는 인생 공부였다》** (정선용 저, 알에이치코리아)
- **《럭키》** (김도윤 저, 북로망스)
- **《럭키 드로우》** (드로우앤드류 저, 다산북스)
- **《내가 가는 길이 꽃길이다》** (손미나 저, 한빛비즈)
- **《멈추지 마, 다시 꿈부터 써봐》** (김수영 저, 꿈꾸는 지구)
- **《다시, 나는 희망의 증거가 되고 싶다》** (서진규 저, 알에이치코리아)
- **《웰씽킹》** (켈리 최 저, 다산북스)

2단계 부자의 돈 습관을 따라 하라

- **《돈의 법칙》** (토니 로빈스 저, 박슬라 역, 정철진 감수, 알에이치코리아)
- **《이웃집 백만장자 변하지 않는 부의 법칙》** (토머스 스탠리·세라 스탠리 팰로 저, 김미정 역, 비즈니스북스)
- **《세이노의 가르침》** (세이노 저, 데이원)
- **《위대한 시크릿》** (론다 번 저, 임현경 역, 알에이치코리아)
- **《자본주의》** (정지은·고희정 저, 가나출판사)
- **《아웃풋 법칙》** (김재수 저, 더퀘스트)
- **《절제의 성공학》** (미즈노 남보쿠 저, 바람)
- **《보도 섀퍼의 돈》** (보도 섀퍼 저, 이병서 역, 에포케)
- **《아주 작은 습관의 힘》** (제임스 클리어 저, 이한이 역, 비즈니스북스)
- **《조인트 사고》** (사토 후미아키· 고지마 미키토 저, 김혜영 역, 생각지도)

3단계 100만 원으로 재테크를 시작하라

- **《나의 월급 독립 프로젝트》** (유목민 저, 리더스북)
- **《나는 주식 대신 달러를 산다》** (박성현 저, 알에이치코리아)
- **《살 때, 팔 때, 벌 때》** (강영현 저, 21세기북스)
- **《몰입》** (황농문 저, 알에이치코리아)
- **《초수익 성장주 투자》** (마크 미너비니 저, 김태훈 역, 김대현 감수, 이레미디어)
- **《경제 읽어주는 남자의 15분 경제 특강》** (김광석 저, 더퀘스트)
- **《주식투자 무작정 따라하기》** (윤재수 저, 길벗)
- **《사업가를 만드는 작은 책》** (사업하는 허대리 저, 알에이치코리아)
- **《나는 오늘도 경제적 자유를 꿈꾼다》** (청울림 저, 알에이치코리아)
- **《1퍼센트 부자의 법칙》** (사이토 히토리 저, 김진아 역, 나비스쿨)

4단계 부를 끌어당기는 환경을 구성하라

- **《최고의 결정》** (로버트 루빈, 박혜원 역, 알에이치코리아)
- **《역행자》** (자청 저, 웅진지식하우스)
- **《그릿》** (앤절라 더크워스 저, 김미정 역, 비즈니스북스)
- **《타이탄의 도구들》** (팀 페리스 저, 박선령·정지현 역, 토네이도)
- **《미라클 모닝 밀리어네어》** (할 엘로드·데이비드 오스본 저, 이주만 역, 한빛비즈)
- **《어느 대기업 임원의 퇴직 일기》** (정경아 저, 알에이치코리아)
- **《멘탈을 바꿔야 인생이 바뀐다》** (박세니 저, 마인드셋)
- **《이 책은 돈 버는 법에 관한 이야기》** (고명환 저, 라곰)
- **《김미경의 리부트》** (김미경 저, 웅진지식하우스)
- **《사장학개론》** (김승호 저, 스노우폭스북스)

5단계 부를 가져다주는 인맥을 만들어라

- **《부의 해답》** (존 아사라프·머레이 스미스 저, 이경식 역, 알에이치코리아)
- **《돈의 심리학》** (모건 하우절, 이지연 역, 인플루엔셜)
- **《콜드 스타트》** (앤드류 첸, 홍경탁 역, 알에이치코리아)
- **《부자 아빠 가난한 아빠》** (로버트 기요사키 저, 안진환 역, 민음인)
- **《부자의 말센스》** (김주하 저, 위즈덤하우스)
- **《관계의 안목》** (신기율 저, 더퀘스트)
- **《나는 4시간만 일한다》** (팀 페리스 저, 최원형·윤동준 역, 다른상상)
- **《아들 셋 엄마의 돈 되는 독서》** (김유라 저, 차이정원)
- **《데일 카네기 인간관계론》** (데일 카네기 저, 임상훈 역, 현대지성)
- **《돈의 진리》** (사이토 히토리 저, 김윤경 역, 알에이치코리아)

6단계 나만의 돈 버는 분야를 만들어라

- **《백만장자 메신저》** (브렌든 버처드 저, 위선주 역, 리더스북)
- **《챗 GPT 거대한 전환》** (김수민·백선환 저, 알에이치코리아)
- **《나는 블로그로 월급보다 많이 번다》** (정태영 저, 경이로움)
- **《영향력을 돈으로 만드는 기술》** (박제인 저, 천그루숲)
- **《인스타마켓으로 '돈많은언니'가 되었다》** (염미솔 저, 혜지원)
- **《백종원의 장사 이야기》** (백종원 저, 알에이치코리아)
- **《나는 매일 인스타그램으로 돈 번다》** (황지원 저, 베가북스)
- **《삶의 방향이 달라져도 괜찮아》** (전소영 저, 알에이치코리아)
- **《당신은 사업가입니까》** (캐럴 로스 저, 유정식 역, 알에이치코리아)
- **《투자에도 순서가 있다》** (홍춘욱 저, 알에이치코리아)

7단계 현금 흐름을 창출하라

- **《월급쟁이 부자로 은퇴하라》** (너나위 저, 알에이치코리아)
- **《엑시트 EXIT》** (송희창 저, 지혜로)
- **《김학렬의 부동산 투자 절대 원칙》** (김학렬 저, 에프엔미디어)
- **《따라 하면 무조건 돈 버는 실전 부동산 경매》** (유근용·정민우 저, 비즈니스북스)
- **《대한민국 청약지도》** (정지영 저, 다산북스)
- **《나는 월세 받는 직장인이 되기로 했다》** (북극성주 저, 다다리더스)
- **《입지 센스》** (박성혜 저, 다산북스)
- **《마흔의 돈 공부》** (이의상 저, 다산북스)
- **《오늘부터 1,000만 원으로 부동산 투자 시작》** (이현정 저, 길벗)
- **《나는 건물주로 살기로 했다》** (김진영 저, 더난출판사)

8단계 리스크를 감수하라

- **《머니》** (토니 로빈스 저, 조정숙 역, 알에이치코리아)
- **《킵고잉 Keep Going》** (주언규 저, 21세기북스)
- **《나는 집 대신 땅에 투자한다》** (김종율·임은정 저, 한국경제신문사)
- **《운명을 바꾸는 부동산 투자 수업》** (정태익 저, 리더스북)
- **《친절한 부동산 경매 과외》** (소사장소피아 저, 클랩북스)
- **《대한민국 부동산 부의 역사》** (이상우·유성운 저, 포레스트북스)
- **《살집팔집》** (고종완 저, 다산북스)
- **《벤 버냉키의 21세기 통화 정책》** (벤 S. 버냉키 저, 김동규 역, 홍춘욱 감수, 상상스퀘어)
- **《대출의 마법》** (김은진 저, 다산북스)
- **《더 플러스》** (조성희 저, 유영)

9단계 돈이 일하게 하라

- **《레버리지》** (롭 무어 저, 김유미 역, 다산북스)
- **《부의 추월차선》** (엠제이 드마코, 신소영 역, 토트출판사)
- **《백만장자 시크릿》** (하브 에커 저, 나선숙 역, 알에이치코리아)
- **《존 리, 새로운 10년의 시작》** (존 리 저, 김영사)
- **《딸아, 돈 공부 절대 미루지 마라》** (박소연 저, 메이븐)
- **《세븐》** (전인구 저, 차이정원)
- **《프리리치》** (심길후, 나비의활주로)
- **《부자언니 부자연습》** (유수진 저, 세종서적)
- **《현명한 투자자 1》** (벤저민 그레이엄 저, 이건 역, 신진오 감수, 국일증권경제연구소)
- **《처음 배우는 주식 차트》** (한재승 저, 알에이치코리아)

10단계 습관의 힘을 믿고 반복하라

- **《마음설계자》** (라이언 부시, 한정훈 역, 웅진지식하우스)
- **《조셉 머피 잠재의식의 힘》** (조셉 머피 저, 조율리 역, 다산북스)
- **《마인드셋》** (캐롤 드웩 저, 김준수 역, 스몰빅라이프)
- **《부자의 그릇》** (이즈미 마사토 저, 김윤수 역, 다산북스)
- **《세도나 메서드》** (헤일 도스킨, 편기욱 역, 알에이치코리아)
- **《가장 빨리 부자 되는 법》** (알렉스 베커 저, 오지연 역, 유노북스)
- **《규칙 없음》** (리드 헤이스팅스·에린 마이어 저, 이경남 역, 알에이치코리아)
- **《생각하라 그리고 부자가 되어라》** (나폴레온 힐 저, 빌 하틀리 편, 이한이 역, 반니
- **《시작의 기술》** (개리 비숍 저, 이지연 역, 웅진지식하우스)
- **《생각이 돈이 되는 순간》** (앨런 가넷 저, 이경남 역, 알에이치코리아)

3장

엄마의 부자 습관 10계명

01

다양한 파이프라인을 구축하라

지난해, 두 아들을 둔 50대 어머님이 재무 상담을 요청하셨다.

"막연했던 남편의 은퇴가 코앞에 다가왔어요. 지금까지 뭘 했는지 모르겠어요."

첫째 아들의 결혼 자금 때문에 1억 원 상당의 마이너스 통장을 만들었고, 이제 둘째 아들의 결혼 자금을 생각하면 밤잠을 이루지 못하겠다고 이야기하신다. 지난 30년간, 애들 키우며 일하느라 제대로 쉰 적도 없는데 이제 은퇴를 앞두니 막막하기만 하다고 하셨다.

비단 50대만의 이야기만은 아니다. 얼마 전에는 쌍둥이를 키우는 30대의 아이 엄마가 나를 찾았다. 남편이 요리사로 일하는데, 코로나19와 경기 침체로 월급이 반으로 줄었다고 한다. 쌍둥이 아이들은 이제 20개월인데, 최저임금 수준인 남편의 월급으로 어디서부터 무엇을 어떻게 할지 너무 막막하다며 내게 호소했다.

나 역시 마찬가지였던 시기가 있었다. 워킹맘으로 아침이면 아이들을 어린이집에 맡기고, 피로를 달래고자 커피를 마시며 출근하던 시절이 아직도 어제 같다. 매일 아침 '정말 관둘까 보다'라고 몇 번이나 생각했다. 막상 결정을 내리지 못한 채 계속 일하던 어느 날, 근무하던 은행의 합병 소식이 발표되었다. 이후 합병으로 인한 자발적인 명예퇴직 신청이 공지되었고, 그로부터 불과 몇 달 지나지 않아서 수백 명의 직원이 그만두는 모습을 보게 되었다. 그때 정신이 번뜩 들었다. 당시 내가 정말 존경하던 부장님도 이때 퇴사를 하셨다.

어쩌면 내게도 스스로 퇴사하겠다고 결심하기 전에 외부로부터 위기가 닥칠 수도 있다는 생각이 뇌리를 스쳤다. 직장에서 받는 근로 소득에만 의존하기에는 요즘 현실이 너무나 불안하다. 힘들더라도 직장에서 나오는 월급이 있을 때 다양한 소득원을 위한 파이프라인을 구축해야 한다.

내가 할 수 있는 것들을 하나씩 시도해 보기로 결심했다. 당시에는 G마켓과 같은 오픈마켓이 유행이었는데, 이 오픈마켓에 무엇을 팔지가 문제였다. 그러던 와중, 우연히 친구와 이야기를 하는 중에 쇼핑몰 사업으로 돈을 벌고 있는 사람이 있다고 하여 수소문하여 통화를 하게 되었다. 지금 생각해 보면 질문조차 무엇을 해야 할지 모른 채, 아까운 대화의 기회를 놓쳤다. 그분은 '통신판매업을 신청하고 물건을 올리시면 됩니다'라고 하면서 아주 간단하고 쉽다고 이야기하셨지만, 나에게는 통신판매업 신청부터가 난관이었다. 퇴근 후 아이를 재우고 하나씩 시작했고, 도매로 물건을 살 수 있는 도매○ 사이트도 알게 되었다.

처음 판매했던 물건은 당시 스마트폰 터치 기능이 있는 겨울 장갑이었다. 또한 브라우니 인형이라는 그 당시 유행하던 강아지 인형도 판매했다. 〈개그 콘서트〉를 보다가 인형을 사고 싶다는 생각이 들었고 검색하다가, 한편으로 팔아 볼까 생각도 들었다. G마켓에 상품을 올린 후, 몇 주가 지났지만 브라우니 인형은 고작 한 개 팔렸다. 장갑도 겨우 몇 켤레 팔린 게 다였다. 생각보다 통신 판매업은 힘들었고, 이후 물건을 추가로 더 올리려다가 그만두고, 이내 통신 판매업을 포기했다. 이렇게 나의 첫 파이프라인 구축 시도는 실패로 돌아갔다.

요즘 가장 핫한 파이프라인, 온라인마켓

당시의 나처럼, 요즘도 많은 분이 파이프라인 구축을 말할 때 통신 판매업부터 떠올리시는 분이 많다. 상담 과정에서 만난 한 엄마는 집에서 네이버 스마트스토어 판매를 하려고 시도한 지 6개월이나 지났는데, 경쟁이 너무 치열해서 순이익이 몇백 원밖에 되지 않는다고 울상을 지으셨다. 한편 또 다른 엄마는 스마트스토어를 통해서 수입 용품을 판매하는데 그 분야를 장악해 월 1,000만 원의 수익을 내기도 하셨다.

엄마들에게 파이프라인을 구축하라고 했을 때 엄마들의 머리에서 가장 먼저 떠오르는 조건은 '집에서 할 수 있는가?'이다. 자연스럽게 이 조건에 부합하는 통신 판매업에 많은 이목이 쏠린다. 그리고 그중 접근성이 쉬운 네이버 스마트스토어를 많이 선택한다. 관련해 인터넷과 책을 통해 많은 정보를 수집할 수 있고, 실제로 다양한 방법을 적용해 볼 수 있다.

한편 자신이 가지고 있는 능력을 사고파는 재능마켓 플랫폼을 통해 파이프라인을 구축하는 분들도 많다. 크몽, 피움마켓 등 재능마켓 플랫폼에는 '이걸로도 돈을 번다고?'라고 생각이 들 만큼 다양한 일들로 거래가 이루어진다. 평소 손재주가 좋다면 핸드메이드 상품을 판매하는 것도 하나의 방법이 된다.

한편 워킹맘으로 직장과 병행하며 쇼핑몰을 운영해 월수입

1,000만 원 이상의 고정적인 수익을 벌어들이는 수강생도 있다. 이분은 현재 위탁 판매 방식으로 특산물 전문 온라인 쇼핑몰을 운영하고 있다. 박람회에 방문하여 새로운 상품을 둘러보고, 제품은 경쟁력이 있으나 아직 온라인 판매를 시작하지 않은 분들께 입점 제안을 한다.

처음에는 참여 업체 담당자에게 말을 건네기가 너무 부담되었으나, 꾸준한 제안을 통해 차별화된 상품을 소싱할 수 있게 되었다. 지역 특산물의 온라인 판매가 활성화되어 있지 않은 시점에 쇼핑몰을 열었고, 지역 특산물 생산 현장에 직접 들르고 사진을 찍고 상세 페이지 등을 등록하여 진정성과 독특한 개성을 담아서 판매를 시작했다. 점점 입소문을 타면서 위탁 판매임에도 불구하고 점차 수익이 높아졌다.

직장과 병행해야 했기에 아는 지인과 함께 둘이 시작한 위탁 판매 쇼핑몰은 지금은 월급보다 더 많은 수익을 창출하고 있다. 코로나19 이후 더욱 사업이 잘되어서 요즘 행복한 비명을 지르시고 있는 모습을 보니, 모든 것은 어찌 보면 내가 어떻게 하느냐에 달려 있지 않은가 싶다.

'주식'이라는 파이프라인

첫 파이프라인 시도 이후, 내가 다음으로 도전했던 분야는 주식이었다. 주식 투자를 위해서 점심시간에 증권사를 방문해 계좌를 만들었다. 그리고 다음 날부터 주식 투자를 시작했다. 당시 여름 휴가철이 다가오기 전이었고, 여행을 좋아했던 나와 남편은 하나투어 주식을 사기로 했다. 다행히도 주가가 오르기 시작했고, 이후 항공사 주식 투자를 시작했다. 대한항공 주식을 샀는데, 당시에는 지식이 부족하여 유가와의 연동성 등 주식 투자 시 고려할 사항들은 제대로 알지 못했다. 우선 우량주 위주로 투자를 시작했고, 소소한 이익을 얻기 시작했다.

특히나 처음 주식 투자를 시작할 때 막막한 마음이 들 수 있다. 이 때 권하고 싶은 것은 반드시 기본 지식을 공부한 후 시작하는 것이다. 또한 자주 사고파는 것보다 장기적인 투자 관점에서 접근하는 것을 권한다. 나의 경우, 주가가 오를 때는 지금이라도 당장 나도 사야 할 것 같은 조급함이 들고, 주가가 내려가면 당장 폭락하고 본전도 못 찾을까 겁부터 났다. 돌이켜보니, 당시 나에게는 투자의 기본 마인드가 부족했다. 이후 주식 관련 도서를 읽기 시작했고 경제 신문에서 늘 넘기기만 했던 주식 부분을 유심히 살펴보게 되었다. 기관이 매수하는 주식과 외국인 투자자의 매수 주식 및 동향을 유심히 살피기 시작했다. 신문 기사나 뉴스를 통해 다양한 트렌드도 접하고, 이를 주식 투자에 연관 지어 생각하기 시작했다. 처음에는 무엇이든 어렵기 마련이다. 그렇기에 다양한 파이프라인을 구축해야 한다는 것을 인식하고 첫 한 걸음을 내딛는 것이 중요하다.

든든한 파이프라인, 부동산

이후 나는 세 번째 파이프라인으로 소액 부동산 투자를 시작했다. 500만 원 이하의 실투자금이 들었던 속초 아파트 이후, 광주 소형 아파트에 투자했다. 당시 전세가와 매매가의 차이가 500만 원 정도였고, 8,000만 원 정도에 매수할 수 있었다. 이후 1억 3,000만 원까지 오르면서 차익을 얻고 부동산 투자의 파이프라인을 구축하기 시작했다. 임대 사업자를 내면서 본격적으로 투자에 박차를 가했다. 다양한 파이프라인을 구축하면서, 신혼 초 1,500만 원으로 시작되었던 자산은 이후 20억 원으로 늘어났다.

파이프라인 구축을 위해서 지금 당장 할 수 있는 작은 도전을 시작해 보자. 단돈 10만원일지라도 행동하는 순간, 미래에 대한 불안감은 조금씩 사라지고 희망이 생길 것이다.

쉽고 간편한 파이프라인, 앱테크

EBS2 〈호모이코노미쿠스 시즌2〉에서 재테크 멘토로 출연했을 때, 재테크의 핵심으로 강조했던 것은 바로 '자신을 위한 투자'였다. 자신을 위한 투자는 '돈 공부'이고 이를 뒷받침하기 위해서는 '체력'이 무엇보다도 중요하다고 강조했다. 당시 여성 멘티 중에서 누구보다도 열심히 자기계발에 힘을 쏟던 미럼 님이 계셨다. 돈 들이지 않고 운동하기 위해 만보기 앱을 설치했고, 일정 포인트가 쌓여서 커피로 교환해 달콤한 커피를 마시는 장면이 촬영되기도 했다. 단순히 걷기만 한다면 재미를 느끼지 못할 수 있는데 앱테크 중에서 걸으면 일정 포인트 적립이 되고 커피 쿠폰 등으로 활용할 수 있는 앱은 보상 심리를 이용하여 꾸준한 운동 습관을 만들어 준다.

앱테크란 앱과 재테크의 합성어로, 태블릿이나 스마트폰과 같은 모바일 디바이스를 활용해 다양한 방법으로 수익을 창출하는 것을 말한다. 앱을 사용하여 재테크를 하는 사람들을 앱테크족이라고 부르기도 한다. 앱테크에도 다양한 종류가 있고 그에 따른 장단점이 있는데, 자신에게 맞게 활용한다면 재테크에도 도움이 되고 꾸준한 부자 습관 형성에도 도움이 된다.

첫째, 상시 노출형 앱테크가 있다. 휴대폰 잠금 화면을 해제할 때 광고를 구독하거나 이벤트에 참여하며 적립금을 쌓는 것이다. 장점은 매일 자주 사용하기 때문에 나도 모르게 상당한 적립금이 쌓이는 것이고, 단점은 스마트폰을 쓰려고 할 때 배터리가 금방 닳게 된다. 캐시슬라이드, 캐시알람 등이 대표적인 상시 노출형 앱테크용 앱이다.

둘째, 방치형 앱테크가 있다. 가만히 시간을 두고 놔두면 알아서 쌓이는 구조로 휴대폰의 다른 앱을 사용해도 그만큼 캐시가 지급되는 방식이다. 특정 미션을 달성하지 않아도 되는 간편함이 있다. 그러나 시간당 포인트가 쌓이는 양이 적기 때문에 크게 이익을 보기는 힘들다. 캐시아워, 돈깨비 등이 대표적인 방치형 앱테크용 앱이다.

셋째, 클릭형 앱테크이다. 광고를 클릭할 때마다 포인트를 적립 받는 방식이다. 네이버 앱에서 광고를 클릭하고 네이버페이 포인트를 받거나 캐시 버튼 등을 클릭하여 포인트를 받는 것 등이 대표적인 클릭형 앱테크의 사례다.

넷째, 미션형 앱테크다. 미션을 하면 포인트를 적립받는 것으로 설문조사, 회원가입 등 다양한 미션이 매일같이 새롭게 주어진다. 적립 포인트는 높으나 다른 앱테크에 비해 미션 수행에 시간이 많이 든다는 단점이 있다. 미션형 중에서도 일상생활 속 쉬운 미션을 통해 포인트를 적립하는 앱이 있는데 걷거나 운전을 하면 포인트를 적립해 주는 경우이다. 캐시워크, 위드라이브 등이 대표적인 미션형 앱테크용 앱이다.

앱테크는 스마트폰만 있다면 누구나 쉽게 소소하게 수익을 낼 수 있는 재테크이고, 시간과 장소에 구애받지 않는다는 장점이 있다. 또한 소소한 금액을 모으면서 절약 의지까지 다질 수 있기도 하다. 그러나 앱테크의 경우 포인트 환전으로 수익을 내기에는 상당한 시간이 소요되므로 수익성 부분에서는 다른 소액 재테크 투자와 비교했을 때 효율이 현저히 낮은 것도 사실이다. 또한 불필요한 미션 수행으로 시간을 낭비하거나 광고 게시 등으로 집중력이 흐려질 수 있다는 단점이 있다. 그렇기에 일상에서 자신이 습관적으로 자주 실행하는 것을 위주로 앱테크를 활용하는 것을 권한다.

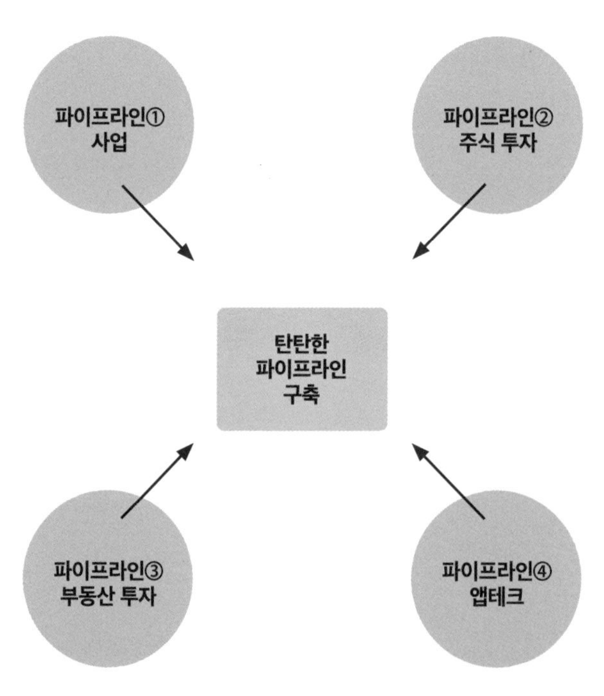

부자 엄마의 파이프라인 한눈에 보기.
파이프라인이 많을수록 든든한 현금흐름을 창출할 수 있다.

02

좋은 빚과 나쁜 빚을 구분하라

중학교 때, 아버지가 시작하신 대형 서점 사업이 성공적으로 진행되고 있을 즈음이었다. 어느 날 어머니께서 "지영아, 우리 새 아파트로 이사 간다"라고 이야기하셨다. 내 방이 있는 새 아파트로 이사 간다는 말에 나는 뛸 듯이 기뻤다. 30년 이상 된 붉은 벽돌의 빌라 방 두 칸에서 살던 우리 가족이었기에 내 방을 가지는 것이 꿈이었다. 그런데 28평 새 아파트라니, 꿈만 같았다. 새로운 우리 집에는 날마다 새로운 가구가 들어왔고, 새 아파트에 새 가구를 보면서 우리 집이 정말 부자라는 생각에 흐뭇했다.

당시 시장 골목에서 살고 있던 내 주변에는 형편이 그리 넉넉하지 못한 친구들이 많았다. 대부분 낡은 빌라에 살면서 자기 방을 가지는 게 소원인 친구들이었다. 이사 후 나는 친구들을 집에 초대했다. 지금 생각해 보면 새로 장만한 우리 집을 자랑하고 싶었던 것 같다. 예상대로 친구들은 우리 집에 들어서면서부터 "지영아! 너희 집 진짜 좋다! 좋겠다!"라면서 감탄했다. 철없고 어렸던 나는 은근히 자랑하면서 우월감을 느끼기도 했다.

아버지의 사업이 잘 풀리자 아버지와 동업을 하시던 분은 다른 곳에 2호점을 내고 싶어 하셨다. 아버지의 반대에도 불구하고 결국 동업자분은 무리한 확장을 단행하셨고, 사업은 안타깝게도 부도가 났다. 아버지가 집에 들어오시는 횟수가 줄고, 집안 분위기가 달라지자 예민했던 나는 불안감을 느끼기 시작했다. 결국 부도가 나면서 하루아침에 모든 것이 무너져 내렸다. 자동차가 팔리고, 우리 가족은 산동네 반지하 집으로 이사 갔다. 그 집은 화장실이 외부에 있어 화장실을 가려고 하면 신발을 신고 집 밖을 나서야 했다.

산동네로 이사 가기 전, 어머니께 물어봤던 기억이 있다. "우리 아파트는 새 아파트고 값이 많이 올랐으니까, 이거 팔면 빚 다 갚을 수 있지 않아요?"라고 말이다. 그런데 알고 보니, 부모님은 1억 원 분양가의 당시 신축 아파트를 매매가 아닌 8,000만 원 전세로 계약하신 것이었다. 그것도 일부 대출을 받아서 전세금을 간신히 맞춰서 말이다. 전세인지 매매인지 그 개념도 잘 모르던 나는 그때 처음 전세의 개념을 깨달았다. 몇 년이 흐른 후, 어머니께 왜 그런 선택을 하셨었냐고 여쭤본 적이 있다. "너희들 새 아파트에서 키우고 싶었고, 담보 대출받아 집 사는 것은 두려워서 그랬지"라는 말씀을 하셨다.

안타까운 일은 아버지 부도로 아파트에서 이사를 나가던 즈음에는 아파트 가격이 분양가 대비 몇 억이 올라 있었고, 비싸게 주고 샀던 새 자동차는 거의 헐값에 팔렸다. 만약이란 없지만, 당시 부모님께서 새로운 자동차를 사기 위해 자동차 대출을 받는 대신 담보 대출을 받아 신규 아파트를 매수하셨다면 얼마나 좋았을까? 엄마들을 대상으로 재테크 상담과 강의를 하다 보니, 그때 부모님의 선택에 느꼈던 아쉬움이 여전히 있음을 깨닫게 되었다.

당시만 해도 '재테크'라는 말은 물론, 금융 교육조차 없었다. 그로부터 수십 년의 세월이 흘렀고 지금은 서점에 널린 것이 재테크 책이다. 그럼에도 불구하고 나는 수십 년 전과 똑같은 패턴을 너무나도 많이 본다. 신혼부부는 결혼하고 집을 구입할 여력이 되지 않아 전세로 신혼집을 얻는다. 전세 대출을 받고, 대출금을 갚기 위해 열심히 직장 생활을 한다. 그리고 아이가 생긴다.

아이를 위해서 내 집을 마련하고 싶다고 생각한다. 더 넓은 집으로 옮기면서 더 큰 금액의 전세 대출을 받는다. 그리고 아기가 생겼으니 조금 더 좋은 차를 구입한다. 이렇게 그들은 대출의 세계로 빠져든다. 소득은 늘어나지만, 어쩐 일인지 자산은 그다지 늘지 않는다. 치솟는 전세금으로 몇 번을 전세 대출을 높여서 연장하다가 결국 외곽으로 나가게 되거나, 영혼을 끌어모아서 내 집을 마련해야 하나라는 고민에 빠지게 된다.

좋은 빚과 나쁜 빚

이제 막 결혼한 신혼부부가 강연에서 "어떻게 하면 부자가 될 수 있나요?"라는 질문을 했다. "간단해요! 좋은 빚을 늘리시면 됩니다. 물론 나쁜 빚은 없애시고요"라고 답한다.

빚에는 두 가지 종류가 있다. 좋은 빚은 나에게 수익을 가져다주고 시간이 지날수록 가치가 올라간다. 나쁜 빚은 나의 돈을 빼앗아가기만 하고 시간이 지나면서 가치가 떨어진다. 안타깝게도 많은 사람이 좋은 빚과 나쁜 빚의 차이를 모른다. 그렇기에 무조건 빚은 좋지 않다고 '전세' 또는 '월세'를 고집하고 신차를 할부로 결제하는 경향이 있다. 그런가 하면 내 집을 마련하면 모든 것이 해결될 것이라는 안일한 생각으로 사전 조사 하나 없이 무조건 내 집을 마련하고 본다. 그리고는 30년 이상의 시간을 담보 대출을 갚는 데 바친다.

얼마 전 상담을 했던 미영 씨는 투자의 가치나 타이밍에 대한 공부 없이 무턱대고 내 집을 마련했다.

'오를 거야'라는 근거 없는 믿음

미영 씨는 2014년 '힐스테이트'라는 브랜드만 보고 집을 매수했다. 매수 후 1년 정도는 가격이 상승했다. '계속 오를 거야'라고 철석같이 믿었지만, 그 무조건적 믿음과는 다르게 2015년부터 부동산 가격은 하락세를 보였다. 부동산에 대해서는 내 집 마련 이외에는 관심이 없던 미영 씨는 결국 '그래도 다시 오를 거야'라고 믿고 기다렸다. 그리고 2020년까지 가격은 오르고 내리기를 반복하다가 결국 분양가 이하로 떨어졌다. 원금과 이자를 함께 상환하면서 생활고에 시달리던 부부는 결국 2020년 초, 급매로 아파트를 처분하고 안도의 한숨을 쉬었다. 그런데 곧 2개월도 지나지 않아 가격이 재상승하기 시작했고 그로부터 1년도 되지 않아 다시 신고점을 기록했다.

좋은 빚과 나쁜 빚을 구분하기 위해서는 반드시 본인이 빚을 내서 매수하는 자산에 대한 지식이 있어야 한다. 단순히 집을 사라는 이야기가 아니다. 겁부터 내면서 사지 말라는 이야기 또한 아니다. 좋은 빚과 나쁜 빚의 유형을 파악하고, 좋은 빚이라는 판단을 했다면 이에 대한 탄탄한 지식을 쌓고 나서 실행으로 옮겨야 한다는 것이다.

지금까지 내가 걸어온 길도 마찬가지였다. 투자에 대한 지식을 쌓고 좋은 빚을 늘려가면서 신혼 초 단돈 1,500만 원으로 시작했던 나는 100억 자산가가 되었다. 빚은 무조건 나쁘다는 신념을 벗어던지는 순간, 당신에게 새로운 세계가 열릴 것이다.

TIP 부자 엄마 한마디

좋은 빚 VS 나쁜 빚

〈좋은 빚〉

1. 나의 능력을 개발하고 몸값을 높일 수 있다.
2. 가족의 보금자리를 마련하여 주거 안정을 이룰 수 있다.
3. 이자보다 높은 월세 소득 현금 흐름을 창출할 수 있다.
4. 몇 년 안에 원금보다 더 큰 수익을 창출할 수 있다.
5. 업무 효율성을 높여서 목표 성과를 더욱 높일 수 있다.
6. 교육을 통한 배움을 통해 미래 수입을 높일 수 있다.
7. 투자 수익으로 노후를 대비할 수 있다.

〈나쁜 빚〉

1. 다른 사람에게 과시하기 위한 불필요한 물건을 구매하려고 한다.
2. 몇 년 안에 원금보다 더 큰 손실을 볼 수도 있다.
3. 원금과 대출 이자가 소득을 넘어서는 과도한 리스크를 안게 된다.
4. 타인의 말만 믿고 잘 모르는 분야에 투자하려고 한다.
5. 신용이 좋지 않은 타인에게 보증이나 담보를 제공하려고 한다.
6. 사치품을 사고 그 물건은 이내 중고가 되어 가치가 떨어지게 된다.
7. 나와 가족의 미래에 과도한 위험성을 가져올 수 있다.

03

위기는 새로운 부를 함께 몰고 온다

"우리 이제 어떻게 하지?" 아파트로 이사 온 뒤로 시간이 꽤 지났을 무렵이었다. 남편과 나는 마주 보고 한숨을 쉬었다. 맞벌이를 하며 이른 아침부터 늦은 저녁까지 열심히 일했지만, 주택담보 대출 이자, 원금 상환금은 물론이고 아이에게 들어가는 돈은 끝없이 늘었다. 마이너스 통장은 이미 우리 삶의 일부가 되었다. 여기서 더 마이너스를 늘릴 수도 없는 처지였다.

"여보, 우리 다시 빌라로 이사 갈까?" 문득 내 머릿속에서 이사해야겠다는 생각이 들었다. 그토록 원했던 내 첫 아파트였는데, 막상 내 집을 마련하고 나서도 우리 부부는 대출금 상환에 허덕였고, 마이너스 적자 재정의 늪으로 빨려 들어가고 있다는 것이 느껴졌다. 남편은 내 말에 한참을 고민하더니 "그래, 그렇게 하자"라면서 동의했다. 우리는 곧 예쁘게 단장하고 들어갔던 아파트를 부동산에 전세로 내놓고, 월세 40만 원인 옥탑방으로 이사 갔다. 그리고 그때부터 내 인생은 다르게 전개되기 시작했다.

누구에게나 위기는 온다

누구에게나 어느 순간 위기가 온다. '만약 우리가 남들 눈에 보이는 집과 새 가구에 집착해서 소비를 늘렸다면 어떻게 되었을까?' 그 당시 지금과 다르게 선택했다면, 지금의 자산을 모으는 것은 불가능했을 것이다. 아파트에서 옥탑방으로 보금자리를 옮기기는 물론 쉽지 않은 결정이었지만, 이후 지출은 급격하게 줄었고 아파트를 전세로 돌린 덕에 전세금으로 받은 돈을 투자에 활용하면서 부의 시스템을 구축할 수 있었다.

위기는 새로운 변화를 위한 소중한 기회다. 그뿐만이 아니다. 위기는 우리가 나아가야 할 방향을 직감적으로 느끼게 한다. 위기가 없었다면, 현실에 안주하면서 마치 끓는 물에 담긴 개구리 같은 상황이 되었을 지도 모른다. 서서히 물의 온도가 높아지는 것도 모른 채 물에서 나가지 않는 개구리처럼 우리의 삶도 재정적으로 비참한 최후를 맞게 될 수도 있다.

위기를 기회로 바꾸다: 외식업

코로나19로 인해 주변에서 위기를 겪었던 사람들을 본다. 특히 자영업을 하시던 분들이 특히나 큰 타격을 입으셨다. 지인 중에 음식점을 크게 하시던 분이 계신다. 코로나19로 인해 사회적 거리두기가 단계적으로 시행되었고, 자연스럽게 매장 운영 시간이 줄어들면서 소득이 이전의 반으로 줄었다. 그런데 얼마 전 CEO 모임에서 뵌 그분의 표정이 밝았다. "사업은 어떠세요?"라면서 조심스럽게 물어보았더니, 의외의 대답이 돌아왔다.

밀키트를 출시했고, 이를 홈쇼핑에서 판매했는데 대박이 나면서 오히려 전화위복의 계기가 되었다면서 밝게 웃으셨다. "그래도 계속 확장해 나가고 있어요. 이제 시작이죠"라면서 겸손한 미소를 지으셨는데, 밀키트로 매출이 상승해 더 큰 대박이 났다고 업계에 소문이 자자했다. 밀키트를 판매하면서 소득은 급격하게 늘었는데, 위기를 기회로 바꾸면서 그동안 사업에서 취약점이던 매장 임대료가 없어졌고 매장의 위치에 따른 물리적 제약이 사라졌기 때문이다.

외식전문경영인 백종원 씨도 코로나19가 한창이던 때 밀키트

관련 방송에 출연했다. 실제로 코로나19가 한창이던 시기에는 아이들의 수업이 대부분 집에서 하는 원격 수업으로 대체되었고, 그 여파로 삼시 세끼를 모두 집에서 챙겨 먹이기에 버거움을 느끼는 엄마들이 기하급수적으로 늘었다. 외식하고 싶지만, 마스크를 끼고 외식을 한다는 것이 누구나 불안한 시기이기도 했다. 나도 예외는 아니었다. 매일 똑같은 메뉴만 먹는다고 불평하는 아이들을 보면 나도 모르게 '외식할까? 배달을 시킬까?' 생각하면서 배달 앱을 살펴보았다. 그러던 중, 둘째 아들이 좋아하는 샤부샤부 칼국수를 만들기 위해서 간편한 밀키트를 주문했다. 밀키트로 요리를 하니, 아이들도 나도 식사에 대한 만족도가 높아졌다. 나와 같은 감정의 엄마들이 늘어나는 것일까? 지인의 비즈니스를 보며 앞으로 더 잘 되실 것이라는 느낌이 들었다.

위기를 기회로 바꾸다: 강연

코로나19가 한창이던 시기에 마이크임팩트에서 주관하는 '그랜드 머니 클래스' 부자 수업에서 강연을 했다. '돈을 알고, 쓰고, 버는 모든 이야기'라는 테마로 진행된 강연에는 유수의 강연자들이 각각의 주제에 대해 강연을 펼쳤다. 나는 '엄마라면 반드시 알아야 할 엄마의 돈 공부' 강연을 했다. 마이크임팩트는 대표적인 강연 업체인데, 과거에는 오프라인에서 강연을 주관했으나 이제는 오프라인 비중을 줄이고 VOD 서비스와 함께 더욱 다양한 콘텐츠를 온라인으로 제시하는 방향으로 집중하고 있다. 강연업계 역시 팬데믹으로 크나큰 변화를 마주했다. 강연은 오프라인이 당연시하던 예전과 다르게, 온라인 강연이 보편화되었다.

나도 울산교육청 학무모들을 대상으로 한 자녀 경제 교육 강연을 온라인으로 진행했다. 오프라인 강연이었다면 울산을 오가는 물리적 제약 때문에 쉽게 승낙하지 못했겠지만 온라인으로 강연을 진행해 잠실에 위치한 나의 사무실에서 실시간으로 진행할 수 있었기 때문이다. 최근 많은 강연이 온라인으로 진행이 되면서 실제로 지역에 제약 없이 참여할 수 있고 실시간으로 진행되며 호응도도 높아졌다.

위기를 기회로 바꾸다: 직장인에서 부동산 투자자로

두 아이가 태어나고 엄마인 나는 더욱 바빠졌다. 육아와 일을 병행하면서 정신없이 하루하루가 지나가고 있었다. 담보 대출 이자와 원금 상환이 버거웠고, 육아에 들어가는 비용은 점점 늘었다. 퇴근하고 집으로 돌아와 아이들을 재우고 설거지까지 마치고 나면 녹초 상태였다. 언제까지 이 생활을 반복해야 하는지 한숨뿐이었다.

그러던 어느 날 아침, 은행이 술렁였다. 은행 영업점 직원 축소 소식과 함께 명예퇴직 공지가 올라온 순간, 평생직장은 없다는 것을 깨달았다. 육아와 직장 생활을 병행하면서 통장 관리조차 버거워서 돈이 어디로 새고 있는지 재테크에는 신경조차 쓰지 못했던 나는 뭔가 머릿속이 '꽝'하고 울리는 것 같았다. 아이들 얼굴 볼 시간도 없이 일만 하는데, 통장에 돈은 없고, 대출만 많은 집 한 채 덩그러니 있는 내 인생이 괜찮은 것인지 나의 삶을 돌아보게 되었다.

그렇다! 기회는 언제나 위기의 모습으로 온다. 위기는 그저 꾸역꾸역 현실에 안주하던 내 삶의 방향을 바꾸도록 만든 기회를 가져다준다. 나의 무거운 엉덩이를 들고 일어나서 움직이게 만든다.

그렇게 나는 부동산 공부를 시작하게 되었다. 상가, 아파트, 경매, 재건축 다양한 분야를 공부했다. 그리고 마침내 첫 상가를 매수하게 되었다. 인천의 어느 지하철역 인근에 있는 상가였다. 당시 서울에서 인천을 수십 번을 오가며 상가 조사를 하고 구매한 물건이었다. 그리고 마침내 내 통장에 월세 250만 원이 입금되는 날, 뛸 듯이 기뻤다. 일하지 않아도 들어오는 소득이 250만 원이 발생하면서, 나에게는 희망이 생겼다. 마냥 불안해하지 않아도 되었고, 마냥 한탄만 하고 싶지 않았다. 내가 원하는 삶의 방향을 만들 수 있다는 희망이 생겼다. 이후 일어난 일은 기적과도 같았다. 나는 월세 소득이 창출되는 상가와 오피스텔에 투자하면서 연봉보다 높은 소득을 얻게 되었다.

아이들은 어리고 회사는 불안정했던 가장 힘들었던 내 인생의 위기의 순간, 나는 마침내 기회를 잡고 방향을 바꿨다. 지난달, 아이들과 남편과 푸껫으로 여행을 2주간 다녀왔다. 그토록 바라던 시간적인 자유, 마음의 여유가 드디어 내 인생에 찾아왔다.

위기는 방향을 바꿀 기회

과거의 나는 위기가 발생하면 좌절감부터 느끼고 스트레스를 심하게 받았다. '나에게 왜 이런 일이 생겼을까?'라는 생각이 반복적으로 들면서 우울해졌다. '앞으로 어떻게 해야 하지?'라는 두려움에 잠 못 이루면서 수많은 시간을 허비했다. 그러나 많은 경험을 하고 주위의 사례들을 보면서 이제 나는 직감적으로 알게 되었다. 위기는 기회의 또 다른 이름이라는 것을 말이다.

만약 지금 당신이 크나큰 인생의 위기에 직면했다면, 크게 숨을 들이쉬고 다른 방식으로 접근해 보는 것을 추천한다. 어떤 방식으로 문제를 풀어 나가는가에 따라서 삶은 완전히 달라진다. 생각의 전환만으로 위기가 기회가 되고 더욱 넓은 새로운 세상으로 한 걸음 내딛는 시발점이 될 수 있다.

04

타인의 문제를 해결하면 돈이 따라온다

첫 아이가 신생아일 때 우리 부부의 소원은 잠을 푹 자는 것이었다. 당시 아기 울음소리에 수없이 깨는 바람에 수면 부족에 시달렸다. 육아 서적을 검색했고, 《베이비 위스퍼》 등 수면과 관련된 책을 주문하기 시작했다. 또한 아기를 잘 재울 수 있는 육아용품을 검색하고 구매했던 기억이 있다. 이와 관련해 우연히 봤던 육아외출용품 전문브랜드 '루시로다'의 김선희 대표 인터뷰를 이야기하고자 한다. 김선희 대표는 2013년 자신의 아기가 첫 돌이 되었을 무렵, 첫 번째 제품의 개발을 시작했다. "육아가 이렇게 힘든 일인 줄 몰랐다. 평생 커리어우먼으로 자유롭게 살다가 모든 시간을 아기와 보내니 무엇보다 외출을 하기가 어렵더라. 바깥 활동과 여행을 좋아하여 아기와 함께하는 외출이 즐거운 제품을 만들고 싶다고 생각한 게 시작이었다"라고 말한다.

타인의 문제를 해결하라

돈을 버는 방법 중 하나는 바로 타인의 문제를 해결해 주는 것이다. 만약 당신에게 수입이 부족하다면, 지금보다 더 많은 돈을 벌고 싶다면 먼저 타인의 문제를 파악해 보라. 그리고 그 문제를 해결할 수 있는 방법이 있는지 생각하고, 시도해 보라. 반드시 더 큰 소득으로 당신에게 다가올 것이다.

얼마 전 피부에 심한 트러블이 생겼다. 그러던 중에 화장품 판매를 하고 계시는 지인이 나에게 한 제품을 소개해 줬다. 그런데 제품을 소개하는 방식이 여느 판매 방식과 달랐다. 먼저 나의 피부 타입을 진단했다. 그리고 건조하기 때문에 이런 문제들이 생기는 것이며 다양하게 실생활에서 할 수 있는 해결 방법을 제시해 주셨다. 예를 들면, 물을 자주 마시는 것과 커피를 줄이는 것 등 아주 사소한 것까지 알려 주셨다. 그리고 미스트를 자주 뿌리면 좋다고 하시면서 나에게 가지고 있는 미스트가 있는지 확인하시더니 "갖고 계신 미스트 제품 그대로 조금 더 자주 뿌려 주시면 되어요"라고 친절하게 말씀하셨다. 하나씩 나의 문제점을 진단해 주니, 나도 모르게 그분이 갖고 계신 건성 피부용 제품에 흥미가 생겼고 구매까지 이어졌다. 이전에 다른 상점에 갔을 때, 점원은 내가 가진 피부 문제에 대한 공감이나 솔루션보다는 제품 설명에 집중했다. 내가 가지고 있는 문제를 해결하지 못한 채 그저 가장 잘 팔린다는 상품을 사서 나오니 기분이 영 좋지 않았다. 그 상점을 다시 찾지 않았다.

자신의 문제가 곧 타인의 문제

결혼 후 경력 단절과 남편과의 관계 악화로 스트레스를 심하게 받은 지인이 있었다. 스트레스로 인한 폭식으로 급격하게 살이 쪄서 70kg까지 몸무게가 증가했다. 그러던 중에 우연히 점핑 다이어트를 시작했고 50kg대로 체중 감량에 성공했다. 감량 성공 이후 에너지가 생기면서 실제로 점핑 다이어트 프랜차이즈 창업을 시작했다. 경력 단절로 인해 무엇을 해야 할지 앞이 막막하기만 했던 지인은 이제는 과거의 자신과 같은 처지의 엄마들을 돕고 있다. 그저 영업으로 고객에게 다가가는 게 아니라, 과거 자신의 모습을 떠올리면서 그들의 문제점을 하나씩 진단하고 공감해 주었다. 이는 자연스럽게 매출로 이어졌다.

'타인의 문제를 해결하면 저절로 돈이 따라온다고?' 지금 내

재정 문제가 심각한 판국에 이게 무슨 뜬구름 잡는 소리인가 싶을 수도 있다. 그러나 실제로 사람은 자신의 문제를 해결하기 위해서 들이는 돈을 아끼지 않는다. 타인이 보기에 아무리 사소한 문제라 할지라도 본인에게는 너무나 크게 느껴지기 때문이다. 이에 대한 구체적인 해결책을 제시하는 것은 그들에게는 돈 그 이상의 가치를 제공하게 된다.

현재 들어오는 수입이 만족스럽지 못하다면 방식에 변화를 주어야 한다. 아이러니하지만, 나의 재정 문제에 집중하기보다는 타인의 문제를 관찰하고 이를 위한 솔루션을 마련해 보는 것이다.

다른 사람들이 보편적으로 가진 문제들은 무엇일까? 예를 들면, 엄마들의 경우 자녀 교육이나 양육에 관련하여 보편적으로 어려움이나 문제를 가지고 있다. 또는 여성의 경우, 피부나 패션 등에도 어려움을 느끼거나 문제를 갖고 있을 수 있다. 더 나아가서 최근에는 안전에 대한 불안감을 느끼는 경우도 많다.

코로나19로 아이들이 원격 수업을 하게 되고 가정 보육 시간이 늘어나면서 엄마들은 자녀 양육에 있어서 더 많은 어려움을 겪게 되었다. 얼마 전 엄마표 영어와 관련하여 줌Zoom으로 진행하는 강의가 있었는데, 100명 정도의 엄마들이 접속했다. 영어 개인 과외를 하시던 강사는 처음에는 어려움이 있었지만, 이내 엄마들의 니즈를 파악하고 줌으로 솔루션을 제시해 주었다.

그런가 하면 친한 후배는 얼마 전에 퍼스널컬러 컨설턴트 과정을 수료했다. 퍼스널컬러 공부를 하게 된 것은 본인이 늘 자신에게 어울리는 색이 무엇인지 고민했기 때문이다. 지금은 일대일로 기업에서 중책을 맡은 분들이나 영업 쪽에 있는 분들을 대상으로 퍼스널컬러 진단 등을 제공하고 고가의 서비스 비용을 받고 있다.

또 다른 지인은 코로나가 시작되고 얼마 되지 않았을 때, 손세정제를 온라인으로 판매해서 엄청난 수익을 올리고 유통 회사를 확장했다. 남들이 불안하게 느끼는 점을 포착하고 솔루션을 제시함으로써 돈으로 바꾼 것이다.

이 외에도 수많은 분야에 다양한 성공 사례가 존재한다. 돈을 버는 것에 대한 한계를 느끼고 있다면 잠시 한 걸음 뒤로 물러나서 타인을 바라보고 내가 해결할 방법을 구체적으로 찾아보자. 원대한 해결책이 아니어도 좋다. 아주 작은 해결책을 발견하고, 실행한다면 돈은 자석처럼 당신에게 끌려올 것이다.

TIP 부자 엄마 한마디

다른 사람들의 고민을 떠올리기 막막하다면 지인들의 고민을 생각해 보자. 생각보다 사람들의 고민은 많이 겹친다.

05

30% 준비된 순간, 시도하라

"아직 모르는 게 너무 많아. 준비가 되지 않았어."

몇 년 전, 나와 같이 공부를 시작했던 미경 언니는 늘 이렇게 말한다. 내 집 마련을 위해 서울 전지역을 공부했다. 예를 들어 강동구라고 하면 A아파트, B아파트, C아파트 등 강동구의 모든 아파트를 조사했다. 매매가부터 전세가, 학군, 주변 편의시설 등 모든 것을 조사하다 보니 시간이 꽤 걸렸다. 그렇게 2주가 지나고 매물을 마음속으로 결정한 뒤 부동산에 다시 들렀을 때는 이미 한발 늦은 상황이었다.

"어머! 어제 가계약금이 들어와서 그 물건이 빠졌네요"라며 부동산 사장님도 아쉬워하셨다.

투자에 있어서 모든 것을 알고 투자한다는 것은 거의 불가능하다. 우리가 투자하고자 하는 시장은 고정값이 없다. 마치 살아 있는 것처럼 가격이 늘 변동하기 때문이다.

예를 들어 주식 투자도 마찬가지다. 수많은 종목을 모두 분석하고 그중에 가장 좋은 것을 선택하는 것이 올바른 투자 순서라고 판단해 진행하게 되면, 정작 조사와 분석으로 대부분 시간을 소비하느라 투자는 하지도 못한다. 그렇기에 투자에 있어서는 큰 그림을 파악하고 준비가 30%라도 되었다고 판단되면, 적극적으로 시도하는 것을 추천한다.

타이밍을 구하는 안전장치

재테크에 있어서 가장 중요한 것은 '타이밍'이기 때문이다. 아무리 분석을 잘했다고 해도 타이밍이 늦어버리면 수익으로 이어질 수 없다. 하지만 무턱대고 실행하기에는 리스크가 큰 것 또한 사실이다. 그렇기에 다양한 안전장치를 마련해야 한다.

첫째, 당신이 이루고자 하는 일이 있다면, 이미 그 일을 성공적으로 이룬 사람을 찾아라. 실제로 성공에는 법칙이 존재한다.

성공을 위한 로드맵을 발견할 수도 있고, 성공을 경험한 사람으로부터 조언을 나누어 들을 수 있다.

둘째, 롤 모델이나 멘토를 찾아내라. 롤 모델이나 멘토는 유튜브나 책을 통해서도 만날 수 있다. 나 역시 다양한 멘토들을 독서를 통해서 마주하고 그분들의 책을 통해서 배우려 애썼다.

셋째, 소액으로 시작하라. 처음부터 전 재산을 투자하시는 분도 있다. 전문투자자들도 전 재산을 투자하는 경우는 거의 없다. 특히나 아직 경험이 부족한 경우, 소액으로 시작하는 것이 가장 안전하다. "저는 아직 준비가 안 되었어요"라고 말씀하시는 분들이 많지만, 결국 투자란 실전이기에 실제로 과정을 진행하면서 가장 크게 배울 수 있다. 마치 우리가 스키를 눈으로 강의로 배우고 탈 수 없듯이, 투자도 역시 내가 한 번이라도 경험하는 것이 가장 빠른 배움의 길이다. 적은 돈으로 시작하여 범위를 확장해 나가자.

넷째, 포트폴리오를 분산하라. 완벽한 준비가 되어 있지 않으나 '타이밍'의 중요성을 느끼고 실행하려 한다면 무엇보다도 포트폴리오 분산이 필요하다. 부동산 투자를 한 곳에 집중했는데, 결국 가격이 하락해 걱정이라고 찾아오신 분이 계셨다. 지역을 분산할 수도 있고, 실제로 한 지역에서도 아파트를 분산할 수도 있다. 또한 다양한 투자 포트폴리오를 통해서 안정성을 확보하게 된다.

다섯째, 자신을 믿는다. 투자에 있어서 많은 사람이 "제가 한 몇 년만 더 일찍 투자를 알았다면 얼마나 좋을까요? 저는 정말 하나도 몰라요"라고 말씀하시는 분들이 있다. 그런데 투자하다 보면 여기저기에서 상반된 전망이 나오기도 한다. 예를 들면, 그 어느 시기이든 주변 사람 중에서도 또는 전문가 의견 중에서도 "지금은 꼭지니까 사지 마세요"라는 분도 있고, "앞으로 더 오를 거예요"라고 말하는 분도 있다. 투자에 대한 책임은 온전히 나에게 있다. 그렇기에 본인의 기준이 있어야 한다. 그런데 기준이 있다고 해도 나에 대한 믿음이 없다면 그 어느 시도도 하지 못한 채 기회를 계속 놓치게 된다.

독일의 철학자 프리드리히 니체는 이렇게 말했다.

> "모든 것의 시작은 위험하다. 그러나 무엇을 막론하고 시작하지 않으면 아무것도 시작되지 않는다."

시작한다는 것은 언제나 리스크와 두려움을 동반한다. 그래서 지금, 이 순간에도 많은 사람이 주저하고 있다. 나 역시 투자를 처음 시작할 때, 모든 것을 알지 못한 상태였다. 사실 모든 것을 알고 시작하는 것은 불가능하다. 첫 집을 마련하기 전, 얼마나 가슴이 두근거렸는지 모른다. 그러나 하나씩 준비해 나가기 시작했다. 나를 믿기로 했다면 앞으로 더욱 큰 그릇을 만들어 갈 수 있다. 30% 정도 준비되었다고 느꼈다면 소액 투자 경험을 통해서 그릇을 더욱 키워 나가자.

06

수입의 20%는 나에게 투자하라

"532 시크릿 머니 법칙으로 인생을 바꾸세요!"

EBS 〈호모이코노미쿠스 시즌 2〉에서 출연했을 때 내가 했던 말이다. 6개월에 1,000만 원 종잣돈 모으기를 목표로 하는 프로그램으로, 나는 2030여성들의 멘토 역할로 참여했다. 그중 한 멘티 님은 월급이 세후 190만 원이었는데, 마침내 6개월만에 1,000만 원 모으기에 성공했다. 마지막 회에서 멘티 님도 나도 함께 눈물을 흘렸다. 서울에서 혼자 월세방에서 자취를 하면서 190만 원 월급을 받고 계시던 분의 멘토링을 맡으면서 어떻게 6개월에 1,000만 원을 모을 수 있게 도움을 드릴 수 있을까 많이 고민했다. 그런데 결국 해낸 것이다!

보통 종잣돈 모으기를 시작한다고 하면 다들 하나같이 '독하게 안 먹고 안 쓰면 된다'라고들 한다. 그런데 과연 안 먹고 안 쓰기만 한다고 돈이 모일까? 나는 절대 그렇지 않다고 생각한다. 물론 돈에 있어서는 누구나 가치관이 다를 수 있다.

돌이켜보면 나의 가치관은 어렸을 때부터 형성되었다. 특히나 할아버지는 생전에 나의 사고방식에 많은 영향을 주셨다. 할아버지는 연탄 가게에서 배달부로 일하시다가 나중에 연탄 가게를 직접 운영하셨고 성공을 맛보셨다. 거기서 만족하지 않고 바로 연이어 쌀가게를 여셨다. 그리고 또 대박이 났다. 돈에 대한 욕심이 많으셨고 악착같이 돈을 모으셨다. 마침내 수원에 땅을 사셨고 서울에 집도 사셨다. 아들 셋과 딸 둘을 그 어렵던 시절에 대학과 대학원까지 보내셨다.

그런데 나는 놀랍게도 할아버지가 부자였다는 사실을 성인이 되기 전까지도 몰랐다. 내 기억 속에 할아버지 댁은 겨울이면 너무나 추운 방 두 개에 화장실은 외부에 있던 1970년대 말 그대로의 집이었다. 할아버지 댁 안방에는 늘 할아버지께서 길에서 주워 오셨던 누군가가 버린 큰 괘종시계들이 있었고, 가구도 모두 누군가가 버린 것을 주워 온 것들이었다. 할아버지는 땡볕이 내리쬐는 여름에도 늘 땀을 뻘뻘 흘리시면서도 택시 한 번 타지 않으셨고, 한 푼 한 푼 아끼셨다.

고등학생이 되고 가족들이 모이던 추석이었다. 할아버지와 할머니는 따로 각기 다른 집에서 오셨다. 두 분은 소위 황혼 별거를 하셨는데, 할머니가 평생 이런 집에 화장실도 떨어진 곳에 사시는 것이 싫으시다면서 아파트로 이사 가자고 하셨지만, 할아버지는 전혀 듣지 않으셨다. 결국 할머니가 집을 나가셔서 따로 작은 아파트를 얻으신 것이었다. 명절이면 제사를 지내러 두 분은 큰아버지 댁으로 따로 오셨는데 이내 언제나처럼 싸움이 시작되었다.

큰아버지는 대학교 졸업 후 공무원으로 재직하면서 유능하고 안정적으로 생활하셨음에도 불구하고 유년 시절의 영향 때문인지 알코올중독으로 고통받으셨다. 작은아버지 역시 대기업에 다니셨지만 이후 알코올중독을 겪으셨고 정년퇴직 후 암으로 투병하시다가 요양원에서 쓸쓸하게 돌아가셨다.

할아버지가 돌아가셨을 때, 나는 어렸음에도 불구하고 할아버지의 삶이 너무 마음 아팠다. 어디서부터 잘못되었던 것일까? 돈을 열심히 버셨고 열심히 사셨는데 가족 구성원 모두가 너무나 크나큰 결핍이 있었다. 정작 본인은 개미처럼 열심히 한평생 일하셨지만, 여행 한번 가지 못하실 정도로 돈을 한 푼도 자신을 위해서 쓰지 않고 가족들에게 외면받으신 채로 쓸쓸하게 돌아가셨다. 보유하시던 땅은 지분으로 쪼개져 조각조각 났고, 수많은 재산을 남기셨는데 나중에 큰아버지는 할아버지의 남은 재산을 두고 할머니를 상대로 소송까지 하셨다.

그렇게 돈 때문에 치열하게 싸우시던 분들이 어느 날 모두 돌아가셨다. 솔직히 어린 시절부터 나는 명절이라고 가족이 모여서 좋았던 기억이 전혀 없다. 친척들은 돈 문제로 늘 싸우셨고, 아버지가 멀쩡하게 잘 다니시던 대기업을 그만두고 사업을 하시다가 파산하시면서 부모님마저 돈 문제로 하루도 멈추지 않고 다투셨다. 초등학교 때 부모님이 돈 문제로 또 싸우시고는 어머니께서 옷을 챙기시고는 집을 나가셨다. 당시 우리는 중곡동 시장 골목에 살고 있었는데, 어린 마음에 나를 두고 가지 마시라고 말릴 수도 없었다. 한편으로 이렇게 늦은 새벽에 시장 골목에 술 취한 사람도 많은데 어머니가 어디로 혼자 가실 수 있으신지 걱정이 되고 너무 무서워서 엉엉 울었다. 세상이 모두 끝난 것 같은 느낌이 들었다. 나는 돈이 싫었다. 다행히 어머니는 며칠 후, 우리에게 다시 돌아오셨지만, 내 마음은 하루도 편치 못했다. 나는 많은 사람의 삶을 괴롭히는 돈이 너무 미웠다.

균형이 맞는 삶을 추구하자

재무 상담을 하면서 나는 매일 깨닫는 사실 하나가 있다. 돈 문제는 단순하게 돈 문제로 끝나지 않는다. 돈은 우리의 삶과 그대로 연결되어 있다. 돈이 없다는 것은 비참한 일이다. 그런데 돈만 있다고 행복한 것도 아니다. 행복한 삶이란 무엇일까?

어쩌면 어린 시절 돈 때문에 싸우는 가족들을 보면서 내 머릿속에는 돈에 대한 증오감이 생겼는지 모른다. 과외를 하고 부모님의 빚을 갚느라 대학교 4년이 모두 지났다. 그리고 대학을 졸업하던 2월, 내 수중에는 300만 원이 남았다.

나는 한국을 떠나 미국에 가서 공부하고 통역사의 꿈을 키우고 싶었다. 바로 항공권을 구매했고, 어학연수를 떠났다. 홈스테이 할 집을 검색했고, 그렇게 나에 대한 첫 투자가 시작되었다. 미국에서 돌아와 영어 강사를 하면서 통번역 대학원을 준비했고 나에 대한 투자를 지속한 결과, 은행에 취업할 수 있었다.

부모님 빚이 모두 상환된 이후, 나는 이제 돈으로부터 해방되고 싶었다. 돈에 끌려다니는 삶이 아닌, 내가 돈을 이끌고 가는 삶을 살아야겠다고 생각했다. 내가 배우고 싶은 것, 하고 싶은 것, 내 꿈을 위해 투자하기 시작했다.

얼마 전 상담에서는 표정이 너무 어두운 엄마를 만났다. 외식은 없고 극도로 아끼면서 세 아이를 키우고 계셨다. 아이가 셋인데 기초적인 식비조차도 너무나 낮게 유지되고 있었다. 그렇게 소비가 적음에도 불구하고 여전히 집은 ○○읍에 전세를 수십 년째 살고 계셨다.

"지출 관리를 정말 잘하시네요! 그런데 혹시 아이들이 뭐 사달라고 하거나 그러지는 않아요?"라고 너무 신기해서 여쭤보았다.

"전혀요. 어렸을 때부터 한 번도 안 사줘서인지 사달라는 말을 안 해요"라고 아무렇지 않게 대답하셨다. 본인은 미용실을 다녀오신 지 2년이 넘어 머리가 허리에 닿았다고, 아이들에게 우리 형편에 뭘 사냐고 안 사주는 버릇을 들였더니 이제는 요구하지도 않는다고 서슴없이 말씀하셨다.

그 대답을 듣는데 내 마음이 너무 아팠다. 아이들은 어느새 갖고 싶은 것이 있어도 표현하지 않는 아이들이 되었고, 그분도 삶의 무게에 눌리셔서 표정을 잃고 길을 잃으신 것 같았다. 단 한 푼의 돈도 자신을 위해서 쓰지 않는다면, 돈을 버는 의미가 무엇이 있을까 싶다.

"그냥 차라리 치킨도 시켜 주시고, 아이들 가고 싶은 놀이동산도 한 번씩 가시면 어떠세요"라고 제안했다. "그리고 대신, 소득을 높이시면 돼요"라고 조언하니, 그분이 깜짝 놀라셨다. 안 먹고 안 쓰면 재테크 전문가에게 칭찬받을 줄 알았는데, 오히려 의

외로 소비를 권장하는 말을 들은 것이다. 잊지 말자, 우리가 재테크를 하는 목적은 우리의 행복을 위해서다. 나의 행복을 위해서, 가족의 행복을 위해서, 지금의 모든 것을 희생시키지 말자.

소득의 20%가 아니라도 단 1%라도 나에게 쓰는 순간, 인생은 달라질 것이다.

07

아바타 소득을 만들어라

"경제적 자유를 원한다면, 월급에 집착하지 마세요. 만약 직장이 없으시다면, 재취업만이 유일한 방법이라는 생각을 내려놓으세요. 현재 직장에 있으시다면, 다른 소득을 만들 방법이 있을지 여유 시간을 자동 소득 구축의 기회로 삼으세요."

한 보험사에서 개최한 엄마들을 대상으로 하는 대규모 강연에서 전한 메시지이다. 수강생 중에 수민 님은 아이가 어린이집을 다니게 되면서 파트타임 일을 시작했다. 도시락 가게에서 도시락을 만드는 아르바이트였는데, 어린이집이 끝나는 시간까지 파트타임으로 짧게 할 수 있었다. "온종일 너무 다리도 아프고 손목도 아파요"라면서 울상을 지었지만, "그래도 한 달에 몇 십 만 원 소득이 생겼어요"라고 기뻐했다. 그리고 내게 "저도 경제적 자유를 얻고 싶어요. 월급이 너무 낮아요. 올리고 싶어요"라고 고민 상담을 하셨다.

그때 문득 이런 생각이 들었다. 월급이 아무리 높아진다고 해도 수민 님이 바라시는 경제적 자유가 올 수 있을지에 대한 의문이 들었다. 월급만을 바라는 삶은 한계가 있다.

"수민 님, 도시락집이 그렇게 잘 되는 이유가 뭐라고 생각하세요?"라고 여쭤봤다. 코로나19가 발발한 이후, 많은 직장인이 도시락을 주문해서 먹었다. 수민 님이 일하는 도시락 가게는 오피스 상권에서도 접근하기 좋은 코너 자리에 있었다. 도시락 주문이 끊임없이 밀려올 수밖에 없었다.

현재 내가 운영하는 리치맘스쿨에서 부자 습관을 쌓고 부동산 실전을 준비하는 상가 강의를 듣고 있는 수민 님은 곧 상권을 이해하게 되었다. 그리고 이제는 도시락 가게에 일하시면서, 단순히 돈만 보고 하는 것이 아니라, 인기 있는 메뉴를 눈여겨보고, 매출과 상권 등을 실제 관찰하면서 소액으로 본인도 상가에 투자하여 월세를 받아야겠다는 생각의 전환점을 맞았다. 실제로 10여년 이상 무주택자였던 수민 님은 강의를 들으시면서 내 집을 마련하셨고, 소액으로 월세 투자용 부동산을 마련하게 되었다.

경제적 안정과 자유를 원하는가? 다람쥐 쳇바퀴 돌듯이 계속 반복되는 직장 생활에서 벗어나고 싶은가? 그렇다면 반드시 자동 소득을 구축해야 한다.

두 가지 소득

전작《엄마의 돈 공부》에서 밝혔듯이 소득에도 종류가 있다. 옷도 원피스, 투피스, 바지 등 종류가 있듯이, 소득에도 서로 다른 종류가 있다.

첫 번째는 모두가 알고 있는 근로 소득이다. 근로 소득은 당신 스스로가 일함으로써 창출되는 소득이다. 만약 내가 쉰다면 소득은 끊어지고, 더 열심히 많은 시간 일해야 소득은 늘어난다. 갑작스러운 퇴사나 문제가 생긴다면 이 소득은 바로 사라진다.

두 번째는 자동 소득으로써 나는 이 소득을 '아바타 소득'이라고 부른다. 내가 일하지 않아도 돈을 가져다주는 소득이다. 지금으로부터 10여 년 전, 출산 휴가 6개월이 지나고 복직하고 회사에 다니던 어느 날 아침, 지하철을 탔다. 그날 아침 러시아워 시간, 지하철은 온통 꽉 찼다. 지하철에 들어서자 사람들에게 밀렸고 답답한 공기가 느껴졌다. 그렇게 시간이 지나고 내려야 할

정거장이 다가왔다. 그런데 내 마음속에 나도 모르게 내리고 싶지 않다는 생각이 들었다. 비록 그렇게 비좁고 답답했던 지하철이었지만, 그날 또 하루가 어떻게 펼쳐질지 생각하자 잠시나마 아무 할 일 없이 있던 그 순간이 안도감이 느껴지고 계속되길 바라는 마음이 생겼던 것이다.

출근하면 회사에서 해야 할 일이 나를 기다리고 있었다. 퇴근하면 두 아이를 픽업하고 씻기고 재우는 일정이 나를 기다리고 있었다. 주말이면 집안 정리와 밀린 빨래를 해야 했다. 단 한 순간도 재대로 쉬지 못했다. 내가 움직이지 않으면 소득은 끊기고 내 삶이 이내 균형을 잃을까 겁이 나서, 하루하루 나 자신을 더 세게 끊임없이 채찍질했다. 그리고 나는 지쳤다. 번아웃에 걸린 것이다.

아바타 영화를 보면서 주인공 대신 활동하는 아바타의 모습이 강렬하게 나의 뇌리에 남았다. '나도 나 대신 일하는 아바타 소득이 있으면 좋겠다'라고 중얼거렸다. 그렇게 나는 새로운 소득을 만들기 시작했다.

근로 소득 vs 아바타 소득

아바타 소득이란 내가 일하지 않아도 자동으로 들어오는 소득이다. 근로 소득과 아바타 소득의 차이는 무엇일까? 우선 근로 소득은 소중한 나의 삶을 채우는 시간을 빼앗아 간다. 레버리지라고 할 것이 거의 없다. 나의 근로 가치를 올리는 것이 유일한 레버리지 수단이다.

> 레버리지
> 적은 힘으로 큰 힘을 낼 수 있게 하는 지레의 원리를 투자와 운영에 비유해 더 높은 효율을 추구하는 행위를 뜻하는 용어

반면 아바타 소득은 다르다. 나에게 오히려 자유를 누릴 기회를 가져다준다. 그리고 레버리지가 크다. 레버리지는 곳곳에 있다. 당신의 지식, 배움, 인맥, 정보, 대출 등 다양한 레버리지가 당신이 더 빠르게 부자가 되도록 돕는다.

10여 년 전, 소득이라고는 월급이 전부이기에 갓난아기를 보면서도 불안감에 눌리던 나의 상황은 이후 서서히 변하기 시작했다. 《엄마의 첫 부동산 공부》에서 정리했듯이 수익형 부동산 투자를 통해서 임대 소득이 창출되고 있고 과거 월급을 훨씬 뛰어넘는 소득이 자동으로 구축되었다.

아바타 소득이 처음부터 월급만큼 컸던 것은 아니다. 처음 내가 투자했던 임대 부동산의 월세는 30만원 정도 였지만, 나에게 새로운 세계를 보여 줬다. 이전에 나는 일하지 않으면 한 푼의 소득도 없었는데, 나도 육아를 하면서도 자동 소득을 만들어 낼 수 있다는 확신을 갖게 했다.

빠르게 부자가 되고 싶다면 지금까지 당신이 알던 소득과는

다른 새로운 소득을 창출해야 한다. 새로운 관점을 갖고 열린 마음으로 더 큰 소득의 가능성을 찾아 나서야 한다. "그냥 직장만 다니는 거지 뭐, 내가 뭐를 더 할 수 있겠어"라는 비관적이고 냉소적인 생각은 벗어던져야 한다. 대신 나의 현실을 뛰어넘어서 더욱 큰 가능성의 세계로 한 걸음을 내디뎌야 한다.

08

부자가 되기 위해 계획하라

평생 월급을 위해서 일하고, 한 푼이라도 덜 쓰면서 저축을 하고, 투자는 위험하니 절대 하지 않고, 오로지 예금에만 돈을 묻어 두겠다는 것은 현대 시대에 부자가 되기를 포기한 것과 다름없다. 과거에는 누군가는 그렇게 하여 부자가 될 수도 있었을 것이다. 그러나 아주 오랜 시간이 걸렸을 테고, 부자가 되었을 즈음에는 이미 나이가 들어서 즐길 수도 없으며, 안타깝게도 소중한 젊음은 모두 사라진 상태일 것이다.

장거리 여행을 떠나기 위해 운전할 때, 내비게이션이 없다면 헤매고 시간이 오래 걸려서 도착지에 가지 못할 수도 있다. 부자가 되는 길을 갈 때도 마찬가지다. 내비게이션이 없으면 길을 헤매고 시간이 오래 걸리고 심지어 도착지에 갈 수 없게 될지 모른다.

얼마 전 지인 중에서 이태원에 건물을 올려 큰 수익을 내신 분이 있다. 그분은 본인이 직접 집을 지어야겠다면서 끙끙대지 않았다. 먼저 전문 설계사를 고용하고 설계사와 도면에 대한 논의를 깊게 하고 일련의 계획을 세웠다. 심지어는 건축 후에는 부동산과의 협업을 통해서 단기 매매를 진행했고 불과 1년도 되지 않아 엄청난 차익을 봤다.

부자의 첫걸음, 계획

사람들은 운전할 때, 내비게이션이 필요하다는 것을 알고, 도보로 여행을 가더라도 지도가 필요하다는 것을 알고 있다. 집을 지을 때는 설계사와 함께 계획을 세워야 한다는 것을 알고 있다. 그런데 재테크에 있어서는 '계획'의 중요성을 간과한다. 운전할 때, 어디로 가고 싶은지 '도착지'를 먼저 정한다. 건축할 때는 어떤 집을 짓고 싶은지를 먼저 생각한다. 이와 마찬가지로 부자가 되고 싶다면 자신의 목표를 분명히 세워야 한다. 3년 후, 5년 후, 10년 후 내가 바라는 자산의 규모나 부의 수준을 먼저 분명하게 계획해야 한다. '열심히 하다 보면 그냥 되겠죠'라는 생각을 하고 있는가? 모든 일이 그렇듯이 부자가 되는 길도 계획이 있어야 한다.

다시 말해서 끝에서부터 시작하는 것이다. 나는 과연 언제 은퇴하고 싶은지, 은퇴 시점에서 어느 정도의 자산이 필요한지 구체적으로 계산해 보아라. 회사를 그만두고 더 많은 자유 시간을 갖고 싶다면, 현재 받는 월급의 2배 정도를 은퇴 후 월 고정 소득으로 계획하자. 그리고 이를 위해서 내가 할 수 있는 방법들이 무엇인지 구체적 방안을 그려 본다.

나는 아직도 내가 퇴사하던 날을 생생하게 기억한다. 10여 년을 다니던 직장을 관두기로 했던 날이다. 당시 은행을 그만둔다고 했을 때, 주변의 지인들을 비롯해 상사와 동료들이 큰 우려를 보였다. 모든 우려에도 불구하고 나는 결단할 수 있었다. 나의 목표는 뚜렷했고 나에게는 부자가 되는 종착지가 그려져 있었기 때문이다.

3년 후, 5년 후, 10년 후, 내가 바라는 모습과 자산의 규모를 고려했을 때, 직장에서의 소득만으로 이루어지지 못하리라는 것이 분명했다. 그 계획 속에는 나의 꿈도 포함되어 있었다. 작가가 되고 싶었고, 사업가가 되고 싶었다. 부장이 되고 승진해 연봉을 높이는 게 나의 꿈을 이루기 위한 길이 아니었다. 자신이 원하는 것을 계획하고 나면, 이를 위해서 무엇을 해야 할지 실행안이 마련된다. 변화란 계획에서부터 시작된다.

계획의 힘

계획의 힘은 놀랍다. 계획은 당신을 지금 있는 자리를 뛰어넘어서 꿈꾸는 모습으로 갈 수 있도록 이어주는 역할을 한다.

나의 책을 내고 작가가 되고 싶다는 나의 꿈은 계획이라는 지렛대를 이용하면서 이루어졌다. 퇴근 후 교보문고에서 진행한 저자 강연회에 처음으로 가봤다. 그리고 생생하게 저자의 자리에 있는 나를 그려 보았다. 시간이 흘렀고, 나는 광화문 교보문고 그 자리에서 저자가 되어 강연했다. 그날 너무나 심장이 뛰었다. 퇴근 후 지친 몸을 이끌고 먼 거리에서 부럽게 바라보던 '저자'의 자리에 내가 서 있었다. 그것은 오로지 '계획의 힘' 덕분이다. 첫 책이 출간되고 3개월 간의 인세가 2,000만 원에 가까웠고, 1년 인세는 나의 연봉을 뛰어넘었다. 이후 저자 강연을 통한 강연료까지 추가되면서 나는 새로운 소득원을 구축하게 되었다. 직장 없이 나의 재능과 흥미를 통한 소득을 만들었다.

당시 부자가 되는 계획을 마련한 후, 부동산 투자를 위한 강의를 듣기 시작했다. 투자의 방법을 하나씩 배웠다. 마침내 적은 돈으로도 투자할 수 있다는 것을 깨닫게 되었다. 기회를 볼 수 있는 안목이 중요하며 타이밍을 놓치지 않는 결단력이 중요한 것이었다. 하나씩 실행하였고, 상가를 처음 마련하던 날은 믿기지 않아서 볼을 꼬집어 볼 정도였다.

"하루 종일 일만 하는 사람은 돈 벌 시간이 없다"라고 미국의 석유왕 존 데이비슨 록펠러는 말했다. 이 문구를 읽으면서 종일 분주하게 일하던 나 자신을 돌아보게 되었다. '나는 생각할 시간이 없어', '투자 공부를 할 시간이 어디 있어'라면서 나 자신을 '일'의 굴레로 밀어붙이던 내가 스스로 멈추었다. 그리고 계획을 다짐했다. 준비하고 배우고 계획했다.

정말로 부자가 되고 싶다면, 아이에게 좋은 미래를 선사하는 엄마가 되고 싶다면, 잠시 멈추어야 한다. 현실을 뛰어넘는 계획을 세워야 한다. 그리고 일상의 패턴을 바꿔야 한다. 예전의 나는 일만 해서 계획할 시간이 없었다. 잠시라도 멈추면 이보다 못한 삶의 나락으로 떨어질까 걱정이 되어 나를 위한 쉬는 시간을 허락하지 못했다.

그러던 내가 자유로운 삶과 부자의 미래를 꿈꾸고 계획하게 되었다. 아이들을 재우고 나면 설거지와 청소를 미루고라도 잠시 향초를 켜고 다이어리를 펼쳤다. 새벽에 잠시 30분이라도 먼저 일어나서 내 시간을 갖기 위해 노력했다.

처음엔 힘들었지만 하나씩 계획하다 보니 큰 그림이 보였고 비전이 생겼다. EBS2 〈호모 이코노미쿠스 시즌2〉 멘토링에서 가장 먼저 했던 일 중 하나는 멘티들의 비전을 세우도록 돕는 일이었다. 당시 멘티들에게 선물로 드렸던 《파이브》라는 책이 있다. 이 책은 내가 강연에서도 꾸준히 언급하는 책으로 재테크와 퍼스널 브랜딩을 통해서 더 높은 곳을 향해서 가고자 하는 수강생들에게 권하고 있다. 부자가 되기 위해서 지금 당장 계획하라.

TIP 부자 엄마 한마디

육아에 정신이 없어서, 일이 너무 많아서, 약속이 너무 많아서, 일정이 너무 많아서 계획할 시간이 없다면? 새벽 시간을 활용할 것을 추천한다. 새벽은 그 누구의 방해도 받지 않는 온전한 나만의 시간이 될 수 있다. 평소 기상 시간보다 20~30분만 먼저 일어나 미래의 계획을 차근차근 그려 보자.

09

두려움을 이기는 가장 쉬운 방법을 터득하라

"지영아, 은퇴 준비 어디서부터 해야 하니? 괜히 재테크라고 했다가 원금마저 잃을까 도저히 못 하겠어."

오랜만에 만난 친구가 나에게 하소연을 했다. 과거에는 은퇴나 노후 준비가 60대 이상이나 되어야 걱정하는 일이었다. 그러나 요즘은 그 연령대가 40대까지도 내려갔다. 남의 이야기로만 생각되는 일들이 이제는 나의 현실로 점점 다가오고 있다. 그러나 여전히 많은 사람이 '무엇부터 해야 할지 몰라서' 은퇴나 노후 준비를 슬금슬금 미루고 있다. 그러다가 갑작스러운 퇴사나 은퇴가 닥치면 망연자실한다.

남편이 회사에 다닐 때, 맞벌이를 할 때, 아이가 어릴 때, 은퇴 준비는 당신의 연령대와 상관없이 지금이라도 당장 시작해야 한다. 경제 독립을 위해서 강점을 수익화하는 목표를 가진 엄마들을 많이 만난다. 요가 학원 강사로 일하고 있는 효민 씨는 요가 강사 자격증과 10년의 경력을 갖고 있다. 그렇지만 시간당 페이가 너무나 적었다. 생각보다 많이 벌지 못하니 파트 타임 일을 그만두고 집에서 육아에만 전념해야 하는지 고민하고 있었다. 퍼스널 브랜딩을 위하여 유튜브도 시작하고 무료 클래스로 홍보를 시작하여 점차 차별화된 소그룹의 고급 요가 학원을 운영해 더욱 수익화하는 방향을 말씀드렸지만, 이내 "어디서부터 해야 할지 모르겠어요"라고 답했다.

사실 나 역시 그랬다. 가난이 지겨워서 돈에 끌려다니는 삶이 아니라 돈을 내가 원하는 삶을 살아가기 위한 도구로써 주도적으로 관리하겠다는 목표를 세웠지만, 내 마음에 의심과 두려움이 바로 느껴졌다. 솔직히 지난 10년 나는 언제나 내가 원하는 것을 이루기 위해서 나 자신의 의심과 두려움을 없애기 위해서 노력했다. 두려움을 극복하는 방법은 무엇일까?

원하는 것에 집중하라

첫째, 시선을 원하는 것에 고정하는 것이다. 시선을 자신의 꿈과 원하는 것에 집중시키고 작은 일부터 시작하면 주변의 장애물들이 점차 사라진다. 지금도 상담을 통해서 만나는 많은 분이 자신의 초점을 원하지 않는 것에 맞추는 것을 본다. 과거의 나처럼 말이다. "저는 아직 한 번도 돈 공부를 해본 적이 없어요. 상담자료 제출 과제로 처음 평균 지출 금액을 적어 봤어요"라면서 돈 공부의 시작부터 망설이신다. "이러다가 아이 대학 등록금도 마련할 수 있을지 모르겠어요"라면서 원하지 않는 것을 끊임없이 상상한다. 이런 분들은 상가를 마련할 때도 마찬가지이다. "상가를 통해서 부수입을 창출하고 싶어요"라고 끊임없이 자신이 원하는 것에 초점을 맞추시는 분은 결국 해낸다.

수진 씨는 생활비를 아껴서 모은 종잣돈 700만 원을 활용해 편의점 상가를 매수했다. 종잣돈 이외에도 오랜 직장 생활 경력으로 나온 신용 대출과 상가 세입자 보증금 그리고 마이너스 통장까지 필요했지만, 정말 원하는 물건이라는 것을 알았기에 급매로 나온 물건을 구매할 수 있었다. 그 결과 지금은 월 150만 원의 수입을 꾸준히 얻고 있다. 그런데 수희 님은 다르다. 막상 좋은 상가 매물을 발견했을 때에도 "세입자가 월세를 안 내면 어떡하죠? 주변에 또 다른 편의점이 생겨서 이 상가가 망하면 어떡하죠?"라면서 일어나지 않은 일에 온통 집중하면서 결국 두려움에 사로잡힌다. 원하지 않는 것에 시선을 고정시키기 시작하면서 결국 수희 님은 단 한 걸음도 떼지 못하셨다.

걱정이 크다면 작은 것부터

둘째, 두려움이나 의심이 크다면 작은 것부터 시작해야 한다. 예를 들어 부동산 투자를 두려워하시는 분들께 나는 우선 '작을지언정 내 집 마련'을 목표로 시작하라고 권한다. 특히 무리한 대출을 받으며 큰 평형 아파트를 매수하거나 고급 지역만을 고집하기보다는 보수적으로 작은 것부터 시작해 경험을 쌓고 자신감을 높여 점차 업그레이드해 갈 것을 권한다. 내 집 마련을 위해서 입지, 편의 시설, 학군, GTX, KTX, 신안산선 등 교통망 정보 등 다양한 공부를 병행하면, 투자의 리스크를 줄일 수 있음은 물론이고 황금이 묻혀 있는 자리가 보이기 시작한다.

내가 산 물건의 가격이 하락할까 두려운 마음에 아껴 모은 돈을 현금 자산으로만 보유하는 방법은 오히려 원금의 가치를 하락시킨다. 과거에는 1억 원대였던 아파트 가격이 지금은 6억 원에 다다르고 있다. 인플레이션으로 돈의 실질적인 가치가 감소하는 시기이기 때문에 두려움이나 의심으로 인해 행동하지 않는 것은 오히려 노후 준비의 걸림돌이 된다. 따라서 투자에 대한 걱정과 두려움이 크다면, 작은 것부터 도전하자. 안정된 노후가 더는 꿈이 아니게 될 것이다.

행동하지 않는 나를 두려워하라

셋째, 진정 두려워해야 할 것이 무엇인지 두려움의 대상을 바꾸는 것이다. 예민하고 소심했던 나는 늘 걱정이 많았다. 수능 시험이 얼마 남지 않았을 때 '이번 시험에 성적이 더 떨어지면 어떡하지'라는 두려움이 다가왔고 스트레스가 심해지면서 위염이 생겼다. 결국 병원에 가느라 공부할 시간이 줄어들었다. 병원 진료를 기다리며 가만히 앉아서 생각해 봤다. '일어나지도 않은 일을 걱정하면서 약 먹고 있을 시간에 내가 한자라도 더 공부하면 어떻게 될까?'라는 생각이 들었다. 결국 내가 두려워해야 하는 것은 미래의 결과가 아니라, '행동하지 않는 나 자신'이었다.

어른이 되고, 시험에 대한 두려움은 사라졌는데 돈에 관해서는 나의 습관처럼 무서운 상상이 들곤 했다. 펀드라도 가입하려고 하면, 펀드 수익률이 낮아질까 걱정이 되었다. 주식이라도 투자해 보려고 하면, 주식이 상장 폐지될까 걱정이 되었다. 내 집 마련이라도 하려 하면 일본처럼 부동산이 폭락할까 걱정했다.

어느 순간 이런 내 모습이 너무나 싫어졌다. 그 순간 나이키의 광고 문구가 눈에 들어왔다.

"Just Do It!"

실패하는 사람은 시작하기 전부터 너무나 많은 생각을 한다. 성공하는 사람은 일단 시작하고 중간중간 끊임없이 수정 보완한다. 이제 힘차게 자신에 대한 의심과 두려움에서 벗어나 첫걸음을 내딛어 보자.

10

부자 습관 프로젝트를 반복하라

'돈이 부족하니까, 투잡을 해야겠다'고 생각하면서도 막상 현재 얼마를 쓰고 있는지 나의 지출 금액조차 정확하게 알지 못했다. 카드로 충동적으로 결제를 하기도 했고 할부와 섞여서 수입과 지출도 명확하지 않았다. '내가 과연 부자가 될 수 있을까?' 하루는 굳은 결심을 하고 다음 날이면 나도 모르게 자기 의심이 들기 시작했다. 좁은 원룸에서 낡은 중고 가구가 있고, 밖은 먹자골목이었던 그 시절, 내 마음은 아침마다 전쟁 같았다.

무엇이 문제였을까? 바로 습관의 부재였다.

내 꿈과 현실의 괴리가 심해지면서 부자가 되고 싶다는 꿈은 막막하게만 느껴졌다. 그때, 한 달에 하나씩이라도 부자들의 작은 습관을 만들어야겠다는 생각이 들었다. 1,500만 원으로 시작했던 나의 재테크에 있어서 가장 도움이 된 것은 하루하루 내가 지키려던 작은 습관이었다. 단 며칠로 그치는 것이 아니라 평생 지속하는 행복한 부자가 되기 위한 습관이다.

지금, 돈 때문에 고민이라면 변화하기 위해서는 당장 두 가지 단계가 필요하다.

1. 돈 문제가 없다면 어떤 삶을 살고 싶은지 스스로 결심한다.
2. 작은 부자 습관으로 스스로 부자의 길로 가고 있음을 증명한다.

내 삶을 스스로 결정하라

먼저 어떤 삶을 살고 싶은지 스스로 결정해야 한다. 재테크에 있어서 중요한 것은 '어떤 삶을 살고 싶은가'이다. 그것은 당신에게 가장 강력한 동력이 될 것이다.

얼마 전 특강에서는 재테크 공부를 시작하고 1달 만에 700만 원으로 경기도 아파트 마련에 성공한 미진 씨의 인터뷰 시간이 있었다. "재테크 공부를 시작하게 된 계기가 무엇인가요?"라는 질문에 "자유롭게 원하는 대로 시간을 쓰고 원하는 곳에 있는 삶을 살고 싶었어요. 하루 12시간 물류 센터에서 일하면서 사는 재미를 느낄 수 없었어요"라고 이야기했다. 나의 재테크 무료 특강을 신청하고 싶었는데, 줌 수업이 무조건 얼굴이 나와야 하는 줄 알고 소심하여 신청하지 못했다는 진아 님은 자신이 원하는 삶을 스스로 결정하는 과정에서 소심함을 넘어서 용기를 장착하게 되었다.

당신은 어떤 삶을 살고 싶은가? 당신이 꿈꾸는 삶의 모습은 어떠한가? 우리는 모두 알고 있다. 한 번뿐인 인생을 내가 원하는 모습으로 살고 싶다는 것을 말이다. 어렵다면 조금 더 작은 것부터 생각해도 된다. 점심시간을 자유롭게 쓰고 싶다든가, 차가 막히는 주말 대신 주중에 여행을 가고 싶다든가, 내 집을 마련하고 싶다든가 말이다. 스스로에게 질문하고 결심하자. 그리고 성공한 사람들을 관찰해 보아라. 일정 기간에 걸쳐 그 사람이 했던 일을 따라 해보는 것이다.

스스로를 증명하라

두 번째 단계는 작은 성공으로 스스로 부자의 길을 가고 있음을 증명하는 것이다. 부자가 되는 길에서 주의할 점 하나가 남을 의식하는 것이다. 얼마 전 상담했던 희진 님은 "사람들은 저희가 돈 걱정이 없을 거라 생각해요. 그런데 사실은 전혀 그렇지 않아요"라고 말한다.

희진 님은 10명 정도 직원이 있는 회사를 운영하고 있으나 회사 상황이 좋지 않았다. 결국 집을 담보로 추가 대출을 받아서 직원들의 월급을 간신히 줬다. 남들 눈을 의식해서 구입한 수입차는 탈 시간도 없는데 매달 할부금만 몇백만 원이 나간다. 남들 눈을 의식해서 보냈던 아이들의 사립학교 학비와 과외비는 늘어만 갔다. 결국, 다른 이에게 부자임을 증명하려는 삶은 우리를 재정적 파탄의 늪에 빠지게 한다.

작은 습관을 통해서 부자임을 증명해야 할 사람은 바로 '나 자신'이다. 부자가 되기 위한 작은 습관을 통해서 우리의 뇌는 변하게 될 것이다. 무엇을 해야 할지 기준이 달라진다. 그뿐인가? 돈을 쓰는 기준도 달라진다.

과거 CEO 모임에서 한 분이 "타다를 타니까 완전 편해요"라고 말씀하셨다. 젊은 CEO들은 더는 타인의 눈을 의식하여 기사를 두고 돈을 쓰는 것을 원하지 않는다. 잠시 놀랐지만, 그렇게 말씀하시는 모습이 대단하시다는 생각이 들었다. 타인의 눈을 의식하며 살아가는 삶은 얼마나 불행한 것인가라는 생각이 든다.

나 또한 부자가 되기 위해, 작은 습관들을 먼저 몸에 익히고자 14일에 걸친 부자 습관 프로젝트를 만들었다. 1일 차부터 14일 차까지 2주 동안 그날의 미션을 매일 실행하자 나도 모르게 자신감이 생겼다. 2주가 지난 후 다이아몬드 통장과 풍차 적금 1호 등을 만들면서 나 자신에게 보상까지 안겨 주니 자존감이 높아졌다. 나뿐만 아니라, 이제는 수백 명의 사람이 부자 습관 프로젝트를 진행했고, 인생의 터닝포인트를 맞이하게 되었다.

엄마의 10억을 위한 돈 공부를 시작하는 데 가장 중요한 것은 무엇일까? 부자가 되기 위해 가장 중요한 것은 꾸준한 실천이다. 이제 부자가 되는 첫걸음을 내딛을 차례다.

다이아몬드 통장
나의 미래를 위해 쓰는 비용을 저축하는 통장으로 건강, 독서, 운동 등을 위한 소비 금액이 해당됨

풍차 적금
매월 1년 만기 적금에 가입하여 목돈을 모으는 재테크 방법. 1년 동안 12개의 통장을 개설해 12개월 후부터 한 달 간격으로 만기가 돌아온다.

감사의 말

책 한 권을 세상에 내보내기도 정말 힘든 일인데, 과분하게도 여섯 번째 책을 출간하게 되었다. 나 혼자의 힘으로는 이루어낼 수 없는 일이 분명하기에, 감사의 말씀을 전할 분들을 떠올려 본다. 새삼 수많은 분의 도움과 은혜를 받았음을 깨닫게 된다. 나는 참 운이 좋은 사람이다.

우선, 내가 책을 쓰게 된 이유이자 작가의 삶을 살도록 존재의 의미를 깨닫게 해주신 소중한 독자 여러분께 진심으로 감사하다는 말씀을 드리고 싶다. 독자 여러분의 삶이 언제나 부와 행복으로 가득하시길 염원할 것이다.《엄마의 10억》이 여러분의 소망을 이루는 데 있어 조금이나마 도움이 된다면 더 바랄 것이 없다.

무엇보다 가족들에게 무한한 애정을 표하고 싶다. 아낌없는 사랑과 희생으로 키워 주신 사랑하는 어머니와 인생의 가장 든든한 버팀목이자 언제나 가족을 지켜 주신 아버지께 존경과 감사를 전하고 싶다. 내 인생의 영원한 동반자인 남편에게 사랑과 감사를, 책임감 있는 첫째 아들과 생각이 깊은 둘째 아들에게 사랑을 전하고 싶다. 언제나 곁에서 든든한 힘이 되어 주고 큰 도움을 주는 남동생과 한 가족이 된 사랑하는 올케를 비롯해 숙녀처럼 예쁜 첫 조카 애교가 많은 둘째 조카에게도 사랑을 전하고 싶다.

인생의 멘토이신 김미경 원장님께 진심으로 감사드린다. 대한민국 최고의 자기계발 강사이신 김미경 원장님을 통해서 내 인생의 방향을 설정하고 꿈을 이루어 나갈 수 있었다. 힘든 순간이면 그 누구보다 깊이 있고 따뜻한 조언으로 큰 도움을 주시는 서유상 이사님과 꼼꼼하고 세심한 조언으로 큰 힘을 주시는 이윤미 팀장님께도 감사 인사를 전한다. 소중한 인연으로 많은 도움을 주시는 마음 치유 상담가 신기율 선생님께도 감사하다.

소중한 벗이 되어 주신 변민아 대표님께 감사하다. 항상 기도로 사랑을 전하는 김주하 대표님과 깊은 통찰력으로 큰 도움을 주시는 김새해 대표님께 감사의 인사를 드린다. 항상 가르침을 주시는 한양대 김재필 교수님과 언제나 변함없는 응원을 보내 주시는 성균관대 김유미 교수님께도 깊은 감사를 표한다. 깊이 있고 따뜻한 조언으로 도움을 주시는 구채희 작가님, 든든한 힘이 되어 주는 박제인 작가님께도 감사의 인사를 전한다.

소중한 인연으로 도움을 주신 존경하는 존 리 대표님께 깊은 존경과 감사를 드린다. 대한민국을 금융 강국으로 만들기 위해 애쓰시는 대표님의 모습을 보며 깊은 가르침을 얻었다. 유튜브 운영과 출간 과정에서 큰 도움을 주신 자청 님께 감사를 전한다. 자청 님의 유튜브 영상과 저서를 통해서 늘 배우고 성장하고 있기에 더욱 감사하다. 진솔한 마음으로 깊이 있는 통찰력을 담아 인터뷰를 진행하시고 도움 주신 주언규 님과 출간 과정에서 큰 도움을 주신 경제 읽어주는 남자 김광석 교수님께 감사를 전한다.

알에이치코리아 직원분들의 도움이 아니었다면 이 책을 완성하지 못했을 것이다. 다양한 분야에서 좋은 콘텐츠를 발굴해 시대의 흐름을 이끌고 가시는 양원석 대표님을 비롯해 뛰어난 기획을 통해서 이 책이 세상에 선보이도록 도와주신 김건희 편집장님과 세심한 편집으로 도움을 주신 서수빈 대리님, 물심양면으로 큰 도움을 주시는 알에이치코리아 마케팅팀과 홍보팀 분들에게 감사 인사를 전한다. 마지막으로, 우리의 메시지가 세상에 전해질 수 있도록 늘 힘이 되어 주신 독자 여러분께 다시 깊은 감사 인사를 전한다.

2023년 7월

이지영 작가

엄마의 10억 로드맵

부자 습관 프로젝트 14일

체득하기 어려운 부자 습관을 쌓게 도와주는 14일 챌린지.

매일 오늘의 미션을 수행하고,

부자 엄마의 인사이트를 엿보면,

부자 습관을 장착한 자신을 만나게 될 것이다.

부자 습관 프로젝트 1일차

1. 오늘의 미션

돈을 절약해야 하는 나만의 절박한 이유 [절실함] 또는
돈을 모아서 내가 이루고 싶은 꿈 [열망]
오늘의 미션은 이 두 가지를 다섯 개 이상 적어서 공유하는 것입니다.

이 미션은 공유하지 않아도 무방합니다. 하지만 나의 중요한 목표를 말로 할 때, 선포할 때 실현 가능성이 10배 이상 높아집니다. 수많은 책과 실제 사례가 과학적으로 증명하고 있습니다. 그러니 쑥스러워도 나의 꿈을 사람들에게 공유해 보세요.

2. 지영쌤 인사이트 특강

오늘 추천하는 책은 《가장 빨리 부자 되는 법》(알렉스 베커 저, 오지연 역, 유노북스)입니다. 저자는 부자가 되는 첫 번째 방법으로 부자의 사고방식을 가지라고 합니다. 이 책에서 소개하는 '부자들에게는 당연한 생각 열 가지'를 반복해서 읽고 내 삶에 그대로 적용한다면 인생은 어느새 크게 변해있을 것입니다. 열 가지 모두 하나같이 중요하지만, 특히 저는 '열 번째, 부자 친구와 멘토가 있다'라는 부분을 강조하고 싶습니다. 저 역시 좋은 책 속에서 성공으로 이끌어줄 멘토를 찾을 수 있었고, 덕분에 시행착오를 줄이며 빠르게 부자의 길을 걸을 수 있었습니다. 여러분의 재테크 멘토를 찾으세요.

부자 습관 프로젝트 2일차

1. 오늘의 미션

지난달 자신의 지출 금액(카드 및 현금 사용액)을 파악해 주세요. 나온 금액을 4로 나누세요. 나의 일주일 평균 지출 금액이 계산되었습니다. 이를 공유해 주세요.
(참고: 보험료, 월세, 공과금, 대출 이자, 병원비 등 고정 지출은 제외하고 계산)
그리고 이번 일주일 동안 쓸 예산을 정하고 현금으로 뽑고 인증 사진을 남겨주세요.

2. 지영쌤 인사이트 특강

오늘 추천하는 책은 《리치 우먼》(킴 기요사키 저, 박슬라 역, 민음인)입니다. 이 책은 제가 매우 흥미롭게 읽은 책입니다. 너무나 솔직하고 직설적으로 여자의 경제력의 중요성을 강조합니다. 로버트 기요사키의 부인인 저자는 남편에게만 기대거나 돈 관리나 투자에는 관심을 접는 행동을 절대 하지 않습니다! 본인의 사업을 꾸준히 하고, 투자를 지속하며, 독립성과 경제력을 지킵니다. 이제 여자들도 결혼 후에도 나의 돈, 나의 투자, 나의 자유를 찾아야 한다고 생각합니다. 투자 자체가 위험한 것이 아니라, 투자를 공부하지 않고 경험이 없고 무모한 욕심만 있는 사람들이 위험하다는 말을 꼭 기억하세요.

부자 습관 프로젝트 3일차

●●●○○○○○○○○○○○

1. 오늘의 미션

오늘부터 매일 모닝 플랜 쓰기를 시작하겠습니다. 오늘의 미션은 '모닝 플랜 쓰기'입니다. 다음 날부터 언급이 없어도 모닝 플랜은 매일 써주세요.

〈엄마의 돈 공부 모닝 플랜〉

1. 오늘의 예상 지출(예산) 예) 15,000원
2. 어제 실제 지출 금액 예) 23,000원
3. 오늘 꼭 해야 할 일 예) 당근 거래
4. 오늘 가장 중요한 일 예) 강연회 신청
5. 지출을 줄일 수 있는 방법은 무엇일까? 예) 장보기 리스트 작성 후 마트 가기
6. 수입을 늘일 수 있는 방법은 무엇일까? 예) 꾸준한 재테크 공부
7. 나는 내가 좋다 왜냐면 (   ) 예) 지구력이 좋다
   or 나의 장점은 (   )이다 예) 사람들의 좋은 면을 잘 본다
8. 감사일기 예) 외출할 때 비가 오지 않아 감사하다
9. 성공일기 예) 어제 목표대로 커피를 사서 마시지 않았다
10. 미래일기 예) 나는 3년 내에 신축 아파트를 살 것이다

2. 지영쌤 인사이트 특강

오늘 추천하는 책은 《부자의 사고 빈자의 사고》(이구치 아키라 저, 박재영 역, 한스미디어)입니다. 저자는 가난한 사람은 '가난한 사람의 사고방식'을 부자는 '부자의 사고방식'을 갖고 있다고 말합니다. 평범한 사람이 부자가 되려면 가장 먼저 '부자의 사고방식'을 가져야 한다고 주장합니다. 책은 빈자와 부자의 사고와 행동을 비교하면서 우리에게 쉽고 명확하게 부자가 되는 방법을 설명합니다.

현재 본인의 재정 상황이 마음에 들지 않는다면, 이 책에 나온 부자의 사고방식을 외우고, 인생에 적용해 보시길 추천합니다. 저자는 책 속에서 '부자는 자기 자신에 투자하여 600% 수익을 낸다'라고 말하는데요. 저 역시 꾸준한 투자 공부를 통해서 예전에는 상상도 하지 못할 만큼 자산을 불려 왔습니다. 여러분도 이제 부자의 사고방식을 가지고 부자가 될 차례입니다. 이 책을 읽으며 여러분이 생각하는 부자의 사고방식과 가난한 사람의 사고방식은 무엇이 있는지 써보는 것도 좋은 경험이 될 것 같네요.

부자 습관 프로젝트 4일차

1. 오늘의 미션

이번 한 주의 반이 지났네요.
이번 주 예산으로 뽑아둔 현금에서 남은 날들을 어떻게 보내면 예산 안에서 가능할지 계획해주세요. 그리고 남은 날 중 하루는 꼭 무지출 데이를 계획해 주세요.

예시)
목요일: 점심+커피=10,000원
금요일, 토요일: 무지출 데이 예정
일요일: 점심+장보기=50,000원

2. 지영쌤 인사이트 특강

오늘의 추천 도서는 《부의 추월차선》(엠제이 드마코 저, 신소영 역, 토트출판사)입니다. 이 책의 저자는 조금이라도 젊을 때, 인생을 즐길 수 있을 때 부자가 되어야 한다고 말하는데요. '돈 나무'를 빠르게 심고 단시간 내에 기하급수적으로 돈을 버는 방법을 이야기합니다. 이 과정에서 수학 공식처럼 치밀하고 잘 다져진 방법을 제시합니다. 이외에도 임대 시스템, 컴퓨터·소프트웨어 시스템, 콘텐츠 시스템, 유통 시스템, 인적 자원 시스템 등 구체적인 다섯 가지 추월차선 사업 씨앗도 제안합니다. 저는 이 책을 세 번 이상 정독했습니다.

부자 습관 프로젝트 5일차

1. 오늘의 미션

옆 QR 코드를 통해 일주일 계획표를 뽑아 주세요. 어제 정한 무지출 데이를 표시하고 중요한 우선순위 일도 체크합니다. 남은 일주일 예산도 적고, 계획도 표시한 뒤 냉장고나 화장대 앞에 잘 보이게 두세요. 일주일 단위로 계획적으로 생활할 수 있게 도와줍니다.

2. 지영쌤 인사이트 특강

오늘 추천 도서는 《미라클 모닝 밀리어네어》(할 엘로드·데이비드 오스본 저, 이주만 역, 한빛비즈)입니다. 이 책에 담긴 돈 버는 원리 다섯 가지를 반드시 기억하고 삶에 적용한다면 여러분의 부는 기하급수적으로 확장될 것입니다. 특히 저자는 습관을 만드는 데 있어 총 3단계가 있다고 말하는데요. 습관 만들기 3단계에 따르면 1일 차부터 10일 차까지인 1단계는 매우 지속하기 어렵지만, 이를 이겨내며 반복하다 20일 차부터 30일 차까지인 3단계에 들어서면 오히려 행동을 멈추기 힘들다고 합니다. 성취와 보람 때문에 그만두지 않고 오히려 행동을 지속하게 된다는 것입니다. 여러분도 부자 독서를 꾸준히 하시고 멈추기 힘든 단계까지 습관을 형성하시길 응원합니다.

부자 습관 프로젝트 6일차

1. 오늘의 미션

어카운트인포 앱을 다운로드 후 휴면계좌 등 본인의 잠자고 있는 돈을 깨우세요. 어카운트인포는 은행, 보험 등 계좌 통합 관리 앱인데요. 이 앱을 활용해 잠자던 돈 100만 원 이상을 확보하신 분도 있었습니다.

2. 지영쌤 인사이트 특강

오늘 추천 도서는 《마윈처럼 생각하라》(장샤오헝 저, 이정은 역, 갈대상자)입니다. 마윈 회장의 인생과 경영철학을 엿볼 수 있는 책입니다. 거의 무일푼이었던, 평범했던 마윈이 39조 원의 자산을 가진 기업가가 될 수 있었던 데에는 그의 독특한 성공 철학이 가장 큰 영향을 주었습니다. 마윈은 이렇게 강조합니다.

"기회를 찾지 못하는 것은 당신의 잘못이다."

"가슴 뛰는 기회 앞에 망설이지 마라."

"백 보를 앞서가면 실패하고 반보를 앞서가면 성공한다."

남보다 반보 앞서가서 성공을 손에 넣는 여러분이 되시길 바랍니다.

부자 습관 프로젝트 7일차

1. 오늘의 미션

미니멀리스트 데이. 집안에 필요 없는 물건 사진 찍어서, "돈"으로 바꿔라!
이 프로젝트가 끝날 무렵까지 팔리면 우리는 흑자로 끝낼 수 있습니다. 특히 예상보다 지출을 많이 하신 분들에게 회복의 기회입니다! 무엇보다도 단순히 물건을 파는 것에 그치는 것이 아니라, 여러분이 없앤 그 물건들이 있던 공간에는 '진정한 자유'와 '또 다른 나만의 기준'이 자리 잡길 바랍니다.
여러분, 오늘 하루 우리도 미니멀리스트들의 자유를 한 번 느껴봅시다!

2. 지영쌤 인사이트 특강

오늘의 추천 도서는 《바빌론 부자들의 돈 버는 지혜》(조지 사무엘 클라슨 저, 강주헌 역, 국일미디어)입니다. 역사상 세계에서 가장 부유한 사람들이 살던 도시인 바빌론. 그 바빌론의 대부호 아카드가 알려 주는 얄팍한 지갑에서 벗어나는 일곱 가지 방법, 황금의 다섯 가지 법칙을 배워보세요. 옛날이야기라고 무시는 금물입니다. '돈 버는 능력을 키워라', '당신의 집을 가져라' 등 아카드가 말하는 방법들은 부자를 열망하는 우리에게 지금 가장 필요한 이야기입니다. 아카드의 이야기를 이해하고 실천해 나간다면, 우리의 지갑은 하루하루 두둑하게 채워질 것입니다.

부자 습관 프로젝트 8일차

1. 오늘의 미션

① 재무 버킷리스트를 만들어 주세요. 양식은 자유입니다. 만든 후에는 사진을 찍어 핸드폰 배경화면으로 저장해도 좋습니다.
② 스마트폰 요금제 확인하기. 약정이 끝났음에도 불구하고 계속 높은 요금제를 쓰고 있는 것은 아닌지 확인해 보아요.
③ 일주일 동안 쓸 예산을 다시 현금으로 뽑으세요.

2. 지영쌤 인사이트 특강

오늘의 추천 도서는 《레버리지》(롭 무어 저, 김유미 저, 다산북스)입니다. 강한 어조의 《레버리지》라는 책이 여러분이 앞날을 설계하는 데 방향을 제시하는 책이 되었으면 좋겠습니다. 15년 전 종잣돈 1,500만 원으로 월세로 신혼을 시작할 때, 저는 제가 가난한 이유가 단순히 열심히 모으지 않아서인 줄만 알았습니다. 돈 공부를 하고 보니 가난했던 이유는 '레버리지 당해서'였습니다. 돈이 나를 위해 열심히 일하게 하는 방법을 몰랐기 때문이었습니다. 여러분은 돈의 노예가 될 수도 있고, 돈이 여러분의 하인이 되도록 만들 수도 있습니다. 시간을 돈과 바꿀 수도 있고, 나의 시간을 보존하면서 소득을 창출할 수도 있습니다. 그렇기에 '레버리지'라는 개념을 반드시 알고 있어야 합니다.

부자 습관 프로젝트 9일차

1. 오늘의 미션

① 내가 돈을 습관적으로 쓰는 곳(편의점, 빵집, 인터넷쇼핑)을 적어 주세요.

② 신용카드 없이 다니기 하루 도전해 주세요.

③ 만나면 돈을 많이 쓰는 사람이나 모임이 있다면 일주일만 약속을 정하지 않기로 결심
=> 있는 약속도 연기할 수 있다면 연기해 주세요.

2. 지영쌤 인사이트 특강

오늘의 추천 도서는 《배움을 돈으로 바꾸는 기술》(이노우에 히로유키 저, 박연정 역, 예문)입니다. 우리가 시간과 돈을 들여 공부하려는 이유는 더 나은 미래를 바라기 때문입니다. 그러나 대다수는 눈에 띄는 수익이나 승진으로 이어지지 못하며 투자한 만큼의 결과를 얻지 못하는 것이 현실입니다. 이 책의 저자는 그 이유를 '단순히 결심만 하기 때문'이라고 말합니다. 무엇을 어떻게 공부할지 제대로 모르는 채 무턱대고 책만 들여다보니 '그럭저럭한 공부'에 그치고 만다는 것입니다. 저자는 공부를 '수익이 약속된 최고의 투자'라고 강조합니다. 여러분이 돈 공부로 삶을 바꾸시기를 기원합니다.

부자 습관 프로젝트 10일차

1. 오늘의 미션

소소한 부수입 앱테크를 실행해 보아요. 특히 걷기 등 운동을 통해 적립 가능한 앱테크는 추천하고 싶어요. 건강도 부수입도 같이 올려요!

2. 지영쌤 인사이트 특강

오늘의 추천 도서는《부자 아빠의 투자 가이드》(로버트 기요사키 저, 박슬라 역, 민음인)입니다. 이 책의 저자는 전체 돈의 90%를 소유하는 10%의 투자가가 되려는 이들을 위해 아낌없이 교훈을 전합니다. 부자 아빠 시리즈는 정말 강력추천하는 시리즈이니 꼭 일독하시길 바랄게요.
사람들을 부자로 만드는 것은 돈이 아니라 '사고방식'입니다. 대부분 사람은 보통 준비없이 무언가를 사고, 보유하고, 바라는 식의 사고방식을 가지고 있습니다. 주식투자나 부동산 투자 가치 상승을 바라면서 무너지면 어쩌나 두려움 속에서 삽니다. 두려움에 타협하기보다는 도전하여 멋진 결과를 만들어야 합니다. 우리 모두 두려움보다는 도전을 선택하는 사람이 됩시다.

부자 습관 프로젝트 11일차

1. 오늘의 미션

현재 나의 부채를 하나의 표로 정리하여 금액과 금리를 표시하고 상환 계획을 세워 보세요.

2. 지영쌤 인사이트 특강

오늘의 추천 도서는 《부의 본능》(우석(브라운스톤) 저, 토트)입니다. 저자는 무리 짓는 본능, 근시안적 본능 등 인간의 본능이 유전자에 새겨져 성공 투자를 방해한다고 말합니다. 나의 내면에 자리 잡은 본능적인 장애물을 극복해야만 부자가 될 수가 있습니다.
주변에서 아무런 리스크 없이, 과연 오롯이 직장 소득과 예적금에 의존한 상태로 크게 부자가 된 사람이 있는지 생각해 봅시다. 인생에서 가장 위험한 일은 아무런 위험에도 뛰어들지 않는 것이라는 저자의 말에 공감하며, 여러분이 더욱 멋진 삶을 추구하시기를 응원합니다.

부자 습관 프로젝트 12일차

1. 오늘의 미션

① 오늘은 모닝 플랜 항목 중 하나인 "수입 높이는 법"에 집중해 보겠습니다.
지금보다 수익을 높이는 방법 또는 수입을 창출할 방법 세 가지를 구체적으로 작성해 주세요.

② 올해 재테크 목표를 적어주시고 시각화 해주세요.
예시) 000동에 내 집 마련하기

2. 지영쌤 인사이트 특강

오늘의 추천 도서는 《부자 아빠의 세컨드 찬스》(로버트 기요사키 저, 안진환 역, 민음인)입니다. 투자 시장에는 '위기'과 '기회'가 함께 있습니다. 큰 성공은 위기 속에서 기회를 발견할 때 찾아옵니다. 이 책의 저자는 위기를 기회로 바꾸는 생각 전환법을 우리에게 알려줍니다. '실수하지 마라' '학교에 다녀라' '좋은 직장을 다녀라' 등 우리가 당연하다고 느끼고 있는 이야기들을 명쾌하게 반전합니다.
투자의 실수를 무조건 피하려 하기보다는 실수 속에서도 배움을 발견하려는 태도가 여러분을 부자로 만들게 됩니다. 본인이 원하는 삶을 추구해 나갑시다.

부자 습관 프로젝트 13일차

1. 오늘의 미션

어제 '수입 높이는 방법'을 적었는데요. 이를 이루는 과정에 닥칠 방해 요소나 이루어지지 않는 요소 세 가지를 적어 주세요. 또한 이를 극복할 실행 방안도 함께 작성해 주세요.

2. 지영쌤 인사이트 특강

오늘의 추천 도서는 《돈의 원리》 (막스 귄터 저, 송기동 역, 북스넛)입니다. 이 책의 저자는 미국에서 활동하는 스위스 출신의 투자가로 13살부터 주식투자를 시작했는데요. 스위스 은행에 근무하며 돈의 과학적 관리법과 투자기술을 터득했다고 합니다. '당초 원했던 수익에 도달하면 욕심을 버려라', '배가 가라앉는데 기도하지 마라' 등 저자가 소개하는 돈을 불리고 관리하는 원리를 익혀서 자산을 확장해 갑시다.

부자 습관 프로젝트 14일차

1. 오늘의 미션

① 그동안 절약하신 돈과 미니멀 데이 등에 모으셨던 돈으로, '풍차 적금 1호'를 만들어 주세요. 꾸준한 돈 모으기 습관을 위해 풍차 적금을 추천합니다. 12개월 후, 우리 함께 축배를 들어요!! 풍차 적금 통해서 저축의 재미를 느끼실 거예요.
풍차 적금이 낯선 분들을 위해 참고 설명도 드릴게요.

〈풍차 적금이란?〉
매달 1년 만기되는 적금 통장을 만들어서 1년 동안 총 12개의 적금 통장을 만드는 적금 방식을 말한다. 예를 들어 매달 10만 원 정기 적금 통장을 하나씩 만들면 일 년 후 적금 통장 12개에 적금 금액이 한 달 120만 원이 된다. 풍차 적금을 넣으면 1년을 기점으로 매달 적금 만기 통장이 생긴다. 이에 비상금이 필요할 때도 적금을 해지할 필요가 없다. 아울러, 1년 후 받은 원금과 이자를 통장에 재예치해서 복리 효과를 얻을 수 있다.

② 나의 미래 소득을 창출해 줄 '다이아몬드 통장'을 만들어 주세요. 통장을 개설하시고요, 〈○○○의 다이아몬드 통장〉이라고 이름을 쓰시면 됩니다. 이 통장은 나를 위한 선물입니다. 한 달에 3만 원 이상 나를 위한 돈을 저축해 주세요. 이 돈은 소중한 나를 위해 나의 건강, 배움, 여행을 위해 써 주셨으면 좋겠어요. 미래의 나의 소득을 위해서요.

2. 지영쌤 인사이트 특강

여러분, 14일 동안 무지출데이, 현금 쓰기 등 미션을 수행하느라 힘드셨죠? 수고 많으셨습니다. 재테크 1단계는 종잣돈 모으기이고, 너무나 중요한 단계입니다. 씨앗을 뿌리면 열매가 열리듯이, 종잣돈은 돈이 돈을 버는 구조의 토대가 되기 때문입니다. 14일간의 돈 관리 습관을 통해서 종잣돈을 모을 수 있는 근간이 마련되었습니다. 그러나 1단계만 머문다면 돈이 불어나는 속도는 매우 느릴 것입니다. 다음 단계는 과연 무엇일까요?

2단계는 바로 돈을 공부하는 것입니다. 부자 습관 프로젝트에 참여하고 독서를 하는 것도 2단계에 진입하여 활동하는 모습입니다. 여러분, 엄마가 되고 자신의 배움과 공부에 대한 투자가 멈춰버렸나요? 우리는 '자신에 대한 투자'와 '불필요한 소비'를 구분할 수 있어야 하고, '자신에게 투자'를 해야만 인생에 진정한 변화가 생길 수 있습니다. 저는 아이를 키우면서 독서, 경제 신문 읽기, 강의 듣기 등을 통해서 부동산, 주식, 사업을 공부했습니다. 저의 재능을 '돈'으로 바꾸는 방법을 연구했습니다. 그 결과 지금은 유튜버로, 작가로, 여행가로 살고 있습니다.

3단계는 실행입니다. 부자 습관 프로젝트는 매일 매일의 작은 실행을 통해서 삶의 변화를 만들기 위해서 시작되었습니다. 여러분의 인생의 큰 그림을 위한 실행 계획을 세우고 이를 실천해 나갈 때, 인생의 엄청난 변화가 일어나기 시작합니다.

〈부자 습관 프로젝트 14일〉 부록을 눈으로 읽으셨다면, 여기서 그치지 말고 네이버 뉴리치 연구소 카페와 이지영 TV 유튜브 채널에서 더 많은 정보를 검색해 꿈을 이루기 위한 다음 단계로 나아가길 바랍니다! 실행을 통해 진정한 부와 풍요의 단계로 들어선 여러분을 응원합니다.

엄마의 10억

1판 1쇄 발행 2023년 8월 11일
1판 4쇄 발행 2023년 10월 10일

지은이 이지영

발행인 양원석 **편집장** 김건희 **책임편집** 서수빈
디자인 스튜디오 포비 **영업마케팅** 조아라, 이지원, 정다은, 박윤하

펴낸 곳 (주)알에이치코리아
주소 서울시 금천구 가산디지털2로 53, 20층(가산동, 한라시그마밸리)
편집문의 02-6443-8903 **도서문의** 02-6443-8800
홈페이지 http://rhk.co.kr
등록 2004년 1월 15일 제2-3726호

ISBN 978-89-255-7620-6 (03320)